마르크스의 『경제학-철학 초고』 읽기

세창명저산책_091

마르크스의 『경제학-철학 초고』 읽기

초판 1쇄 인쇄   2022년 6월 16일
초판 1쇄 발행   2022년 6월 27일
–

지은이   김 현
펴낸이   이방원
기획위원   원당희
편 집   안효희·김명희·정조연·정우경·송원빈·박은창
디자인   손경화·박혜옥·양혜진   **마케팅**   최성수·김 준·조성규
–

펴낸곳   세창미디어

　　　신고번호 제2013-000003호   **주소** 03736 서울시 서대문구 경기대로 58 경기빌딩 602호
　　　전화 723-8660   **팩스** 720-4579   **이메일** edit@sechangpub.co.kr   **홈페이지** http://www.sechangpub.co.kr
　　　블로그 blog.naver.com/scpc1992   **페이스북** fb.me/Sechangofficial   **인스타그램** @sechang_official
–

ISBN   978-89-5586-721-3   02160

ⓒ 김 현, 2022

Karl MARX

세창명저산책_091

김 현 지음

마르크스의 『경제학-철학 초고』 읽기

세창미디어
MEDIA

『경제학-철학 초고』를 다시 읽는다는 것?

4차 산업혁명 시대의 자본주의, 최첨단 과학기술과 인공지능을 장착한 혁신적 자본주의의 시대가 도래했다. 뜨거운 가슴과 냉철한 두뇌로 무장한 프롤레타리아트 계급이 '잃어버릴 것은 족쇄요, 얻을 것은 세계'라는 깃발을 들고 혁명을 일으킴으로써 자본주의의 조종을 울리게 될 것이라는 19세기 마르크스의 예언이 무색하게도, 자본주의는 지난 300년 가까이 중단 없는 변신을 거듭한 끝에 아직까지도 우리를 태우고 무사히 순항 중이다. 그 결과 우리는 변덕스럽고 예측 불가능한 인간의 작업 하달과 지시를 밀어내고 한 치의 오차도 허용하지 않는 정확하고 체계적인 컴퓨터 알고리즘의 명령 아래 작업할 수 있는 스마트

한 환경에 안착하게 되었다. 19세기 마르크스가 예찬해 마지 않았던 부르주아지들이 그랬던 것처럼, 우리는 지금 '끊임없는 기술의 혁신, 모든 사회 상태들의 중단 없는 동요, 영구적 불안 정과 운동을 통해 굳고 녹슨 관계들이 해체되고, 새롭게 출시 된 것들이 미처 굳기도 전에 금세 낡은 것으로 밀려나 버리는' 이른바 '파괴적 혁신의 시대'에 살고 있다. 이 시대에 우리는 마음먹기에 따라 창의적인 기업가나 사업가가 될 수도 있고, 특정 공간, 특정 시간에 붙들리지 않은 채 언제 어디서든 자유롭게 일할 수 있으며, 한 가지 직종에 평생을 쏟아붓는 진부한 직업관을 홀홀 털어 버리고 '오늘은 이 일을, 내일은 저것을 하기로 선택하고, 또 아침에는 사냥꾼으로, 오후에는 낚시꾼으로, 저녁에는 목동이나 비평가로 살면서' 자유롭고 개성 넘치는 삶을 만끽할 수도 있다. 시간을 통해 공간을 빠른 속도로 절멸하면서 전 세계를 균질화하는 디지털 기술이 그런 꿈같은 세상을 가져올 것이라는 전망이다.

그런데 참으로 이상하다. 첨단 과학기술과 인공지능의 시대, 그리고 그 성과로 인한 물적 풍요가 넘쳐 나는 시대가 도래했어도 이 시대 상당수 노동자는 일에 대한 자기 결정권을 자유롭게 행사하지 못하며, 노동조합을 결성할 권리를 온전하게 누리지 못하고, 기술공학이 일궈 놓은 성과와 과실을 풍족하게 누리고 있는 것 같지도 않다. 또 사회의 상당수 노동자는 자유롭고 개성 넘치는 삶을 설계하고 그것을 만끽할 기쁨을 누리기는커녕, 언제 해고될지 모르는 불안정한 노동 여건 아래, 여전히 목숨을 담보로, 그저 생존하기 위해, 또는 굶어 죽지 않기 위해서 노동해야만 한다. 기계화와 자동화 너머 막대한 데이터 처리 기술에 입각한 디지털 정보화 시대가 도래했어도, 세계 인구의 절반 이상이 그저 '동물적 기능들, 먹는 일, 마시는 일, 생식하는 일에서만, 기껏해야 거주와 의복 등에서만 가까스로 자기 자신을 자유롭다고 느끼며 산다.' 18세기와 19세기 산업 노동자들이 그랬던 것처럼, 21세기에도 우리는 동물적인 것이 인간적인 것으로, 인간적인 것이 동물적인 것으로 전도되는 현상을 곳곳에서 목도하고 있다.

지난 40년 동안 시장 숭배와 노동 유연성 같은 몇 가지 교리로 무장한 변종 자본주의가 신자유주의라는 이름으로 전 세계를 휩쓸더니, 지금은 과학기술과 혁신 그리고 성장을 최고의 가치로 삼는 디지털 자본주의가 세계를 지배하고 있다. 긱 경제Gig Economy, 플랫폼 자본주의Platform Capitalism, 또는 '공유경제'라는 새로운 명칭으로 불리고 있는 이 자본주의는 각종 데이터의 추출 및 그것의 분석 알고리즘에 기초한 새로운 착취 및 수탈체계에 초점을 맞추고 있다. 이 경제 시스템에서 노동자는 법적 규제망 외부에 놓여 있는 독립적인 기업가이거나, 노동의 직종과 시간 등을 자유롭게 설계하고 선택할 수 있는 창의적인 파트너다. '공유경제'라는 개념과 조합을 이루고 있는 플랫폼 자본주의에서는 노동자를 착취하는 자본가도 없고, 생존을 저당 잡힌 채 분 단위, 시간 단위, 하루 단위로 노동력을 팔아야 하는 노동자도 없다. 모두가 자율적 선택권과 결정권을 가진 창의적이고 혁신적인 기업가이자 파트너라고 말한다. 이 모든 말들이 사실일까?

물론 거짓이다. 여전히 노동법의 사각지대에 방치된 채 노동자로서 법적 지위를 인정받지 못한 플랫폼 노동자들은 19세기 노동자들이 그랬던 것처럼 가장 오랫동안 일하고 가장 적게 받으며, 가장 쉽게 해고된다. 저임금 불안정 노동에 상시적으로 노출되어 있다는 공통점을 제외한다면, 19세기와 21세기의 유일한 차이는 이들이 이제는 인간의 얼굴을 한 자본가의 명령과 통제를 따르는 것이 아니라, 과학기술의 세례를 받은 디지털 알고리즘의 명령에 따라 각자 개인 사업자가 되어 생존의 최전 방에 내몰려 있다는 점이다. 19세기 프롤레타리아트들Proletariat 은 지금 21세기에 프레카리아트Prekariat 또는 사이버타리아트 Cybertariat가 되어 있다. 전 세계에서 열 손가락 안에 꼽고도 남을 소수의 사람들이 초 단위, 분 단위로 천문학적 숫자의 이득을 취하는 동안 다수의 노동자는 최소한의 안전망도 존재하지 않는 열악한 노동 여건 속에서 매시간, 매일, 매주, 매달 자신의 노동력을 판매하면서 생존 투쟁을 치르고 있다.

『경제학-철학 초고』는 이런 자본주의적 현실, 즉 발본적으로 무엇인가 심각하게 부정의하고 불평등한 사회를 비판적인 시각에서 분석한 텍스트다. 『경제학-철학 초고』는 사회 구성원들의 불평등한 처지를 마치 자연의 법칙처럼 어쩔 수 없는 것으로 받아들이고 인간의 나태함과 게으름을 빈곤의 원인으로 귀착시키는 여러 안이한 학자들의 주장을, 불평등한 현실의 원인에 천착하지 않은 채 현존 사회를 주어진 그대로 인준하는 불철저한 이론들을, 또한 현실을 바꾸려는 의지는 있으나 오직 미온적이고 피상적인 대안에만 만족하는 사회 개혁가들의 저서들을 탐독하고 해부한다. 『경제학-철학 초고』는 자본주의의 불평등과 착취체계를 정당화하는 각종 이데올로기에 맞서기 위해, 인간이 어떤 존재인지 질문한다. 『경제학-철학 초고』는 인간이 물질이라는 유물론적 관점으로부터 출발하지만, '물질세계의 돌출부'로서 독특한 물질이라는 점을 입증해 냄으로써, 인간이 실천적이고 능동적이며 주체적인 존재라고 주장한다. 인간이 정신적 존재이기 이전에 '감각하는 몸'을 통해 그의 외부에 있는 자연세계와 지속적으로 교섭해야 하는 자연 존재라는 유물론적 테제에 입각해, 『경제학-철학 초고』는 인간이 죽지 않기 위해 죽을 때까지 의존해야 하는 자연을 소수가 독점적으로 전유함으로써, 인간 다수를 노동력 이외에 아무것도 가진 것이 없는 값싼 상품으로 전락시키는 근대 자본주의의 비루한 현실을 소외라는 이름으로 탄핵한다. 끝으로 『경제학-철학 초고』는 이 소외를 벗어나기 위한 대안으로 노동 여건의 개선, 임금인상과 같은 분배의 평등이 아니라, 인간과 자연, 인간과 사회, 인간과 인간 사이의 참다운 연대 회복을 가능하게 하는 공산주의를 제시한다.

　1844년 5월 말 혹은 6월 초부터 8월까지 약 3개월의 짧은 기간 동안 작성한 『경제학-철학 초고』는 아직 젊은 나이였던 26세의 마르크스가 당시 유럽의 수도라 불리던 파리에서 이제 막 태동하여 자리를 잡고 뻗어 나가기 시작한 자본주의 경제체제를 이해하기 위해, 각종 경제학 서적들과 철학 서적들을 탐독하면서 일궈 낸 성과다. 18세기 도덕철학을 가르치는 교수이자 오늘날 고전 경제학이라 일컬어지는 경제학의 창시자인 애덤 스미스A. Smith를 비롯한 당대 수많은 경제학자의 저서를 연구하면서 자본주의 경제체제의 동학을 비판적으로 분석하고, 이 경제체계가 대다수 사회 구성원들을 어떤 식으로 분할하고 배치하는지, 이 분할과 배치가 대다수 사회 구성원들의 인간적 삶을 어떻게 동물적 삶으로 변질시키는지, 왜 이런 문제가 발생하는지, 그리고 그 문제를 해결할 수 있는 근본적 대안은 무엇인지 등을 논하고 있는 텍스트다.

마르크스가 체류하던 시기의 파리는 유럽의 문화 중심지이기 이전에 자본주의 사회의 생생한 민낯에 맞서는 온갖 종류의 사회주의 및 공산주의 분파들, 정치적 망명객들, 각종 노동조직 및 노동운동의 지도자들이 활동하던 정치적·사상적 거점이자 혁명의 중심지였다. 마르크스는 이곳 프랑스에서 활동하는 다양한 유형의 사회주의자들 및 공산주의자들과 교류하면서, 이들이 주장하는 자본주의 너머의 세계가 가능하기 위한 물적 조건을 탐구한다. 파리는 이 물적 조건에 대한 탐구의 출발점으로 마르크스가 본격적으로 국민경제학Nationallökonomie에 대한 연구를 시작한 곳이기도 하다.

『경제학–철학 초고』에 등장하는 수많은 경제학자와 그들의 저서들, 예컨대 애덤 스미스의『국부의 본성과 원인에 관한 연구』(이하『국부론』), 장바티스트 세의『경제학 개론: 혹은 부의 형성, 분배, 소비 방식에 대한 간단한 설명』, 데이비드 리카도의『경제학과 과제의 원리에 대하여』, 프레더릭 스카르벡의『사회적 부의 이론: 경제학 문헌 조사』, 제임스 밀의『경제학 원리』, 데스튀트 드트라시의『이데올로기 요소들』, 존 램지 매컬럭의『경제학의 기원, 진보, 특정 주제 및 중요성에 관한 강의: 이 과학의 원리와 이론에 관한 강의 초고를 포함』, 빌헬름 슐츠의『생산의 운동: 국가와 사회에 대한 새로운 학문을 설립하기 위한 역사 통계학적 논문』, 콘스탄틴 페쾨르의『사회경제학 신이론: 혹은 사회조직에 대한 논문』등의 발췌와 주해는 마르크스가 1859년『정치경제학 비판을 위하여』에서 밝힌 것처럼 '시민사회의 해부', 즉 사회적 관계의 총체에 대한 해부가 오직 정치경제학을 통해서만 가능하다는 결론을 마르크스 자신이 1844년에 직접 실행에 옮긴 산물이기도 하다. 현 사회를 정확하게 이해하는 것만이 현 사회의 문제를 돌파하기 위한 유일한 방법이라면, 마르크스가 파리에서 택한 길은 한 사회의 뇌관을 이루는 물적 토대로서 시민사회를 경험적·실증적으로 천착해 들어가는 것이었다. 『경제학-철학 초고』는 마르크스의 이와 같은 학문적 탐구의 산물인 셈이다.

지난 세기말부터 전 세계적인 흐름으로 자리 잡아 왔던 신자유주의와 그 이데올로기의 전 지구적 보편화는 가진 자들과 갖지 못한 자들의 경제적 양극화를 가속화하면서 기형적인 소유 및 분배 구조를 끊임없이 확장해 왔다. 그 결과 이미 가진 자들의 부의 독점과 확장, 축적은 한없이 용이해지고 평탄해진 반면, 갖지 못한 자들은 하루하루 목숨을 연명해야 하는 절박한 처지를 벗어나지 못하고 있다. 『경제학-철학 초고』가 집필되었던 19세기의 자본주의 환경과 첨단 과학기술로 인한 장밋빛 미래가 보장되어 있다는 21세기 자본주의 환경은, 이러한 부의 독점과 독식, 그로 인한 사회 구성원들의 경제적 양극화라는 관점에서 본다면, 크게 달라진 것도 없다.

이제는 더 이상 거부할 수 없는 국가적 과제로 자리 잡은 복지의 슬로건 아래 사람들에게 더 많은 일자리를 제공해 주고, 가진 자들로부터 더 많은 세금을 거두어들여 이를 사회로 환류시키는 것, 각종 민주적인 경제 정책을 시행하면서 재벌과 대기업들을 규제하고, 시장의 부정의를 최소화하면서 더 많은 사람에 더 많은 노동의 기회를 주는 것, 어쩌면 이것이 21세기 자본주의의 현실 앞에서 우리가 취할 수 있는 가장 바람직한 삶의 방향일지도 모른다. 생산 영역의 불합리와 부조리보다는 분배 영역의 불합리와 부조리를 제거하는 것, 이것이 자본주의적 환경으로 인한 그 구성원들의 고통을 경감하는 바람직하고 긍정적인 조치일 수 있다는 것이다.

하지만 그것만이 전부일까? 우리가 분배의 정의를 주장하는 그 순간, 이미 우리는 19세기 마르크스에게 비판 대상이 되었던 국민경제학자들이 그랬던 것처럼, 자본주의 또는 시장경제를 자연적인 것으로, 직접적으로 주어진 것으로, 당연하게 받아들여야 하는 어떤 진리로서 전제하게 되는 것은 아닐까? 혹은 이로 인해 우리는 자본주의 너머를 사유할 수 있는 상상력

마저 원천적으로 빼앗기게 되는 것은 아닐까? 마르크스의 관점에서 분배의 불평등과 부정의는 생산의 부정의와 분리될 수 없다. 따라서 생산의 부정의를 옆으로 제쳐 두고, 물질적 재화의 공정한 분배만을 논하는 것은 자본주의 구조를 근본에서부터 문제 삼지 않는 피상적인 해법에 불과하다. 마르크스는 자본주의 경제체제에 대한 이와 같은 우회적 접근을 두고, '당나귀를 채찍질한다면서 당나귀 등에 얹힌 등짐을 때리는 어리석은 짓'이라 말하며 단호하게 거부한다.

　마르크스는 인간이 그가 처한 경제적 제 환경에 의해 '결정'되고, 거기에 '종속'되는 존재인 한편, 그 환경에 반작용하면서 이를 변화시킬 수 있는 실천적 힘 또한 가지고 있다고 본다. 여느 유물론자와 마찬가지로, 마르크스에게도 인간은 하나의 '물질'이다. 그러나 마르크스는 이 물질적 존재로서 인간이 다른 물질들과의 관계 속에서 단지 기계적이고 수동적인 반응만을 반복적으로 되풀이하는 것이 아니라, 자신을 둘러싼 물질세계를 의식하고, 이에 적극적으로 반작용하는 가운데, 자기 자신을 변화시켜 나가는 '독특한 물질'이라고 본다. 『경제학-철학 초고』의 인간관을 대표하는 마르크스의 문장, 즉 '인간은 자연적 존재이면서 동시에 인간적 자연 존재'라는 문장은 물질세계 속에서 인간이 차지하는 그 독자적인 위상에 근거한 것이다. 인간존재의 이 독자성이 인간을 둘러싼 환경에 대한 고민과 성찰, 문제의 발견과 문제의 제기, 그리고 문제를 해결하기 위한 실천적 개입으로부터 마련된다는 것은 딱히 강조할 필요가 없다. 따라서 내가 살아가는 정치·사회·경제적 환경에 대해 문제를 제기하고, 그 문제 제기를 통해 지금보다 나은 모종의 삶의 조건들을 고민할 의향이 있으며, 당나귀가 아니라 당나귀 등짐을 겨냥하면서 어리석은 짓을 일삼는 사람으로 남고자 하지 않는다면, 『경제학-철학 초고』를 반드시 읽어 보아야 한다. 또한 현실과 소통하지 않으면서 오직 세계를 변혁하기만을 꿈꾸는 몽상가로 살아가기를 원치 않는다면, 나와 함께하는 타자들과 더불어 우리 삶을 부자유스럽게 만드는 요인들이 무엇인지를 사유해야 하고, 토론해야 한다. 인간을 사회적 관계의 총체Ensemble로 규정한 마르크스에게 각 개인이 가진 역량은 다른 개인들과 함께할 수 있을 때 최대화될 수 있다. 마르크스가 『경제학-철학 초고』에서 언급했던 인간의 유적 역량이란 사회적인 존재로서의 나와 또 다른 사회적 존재로서의 다른 사람들과 함께함을 통해 발휘되는 실천적인 힘이기 때문이다.

마르크스주의 이론가 프레드릭 제임슨Fredric Jameson과 슬라보에 지젝Slavoi Zizek의 말처럼, 우리는 지금 "자본주의의 종말보다 세계의 종말을 상상하는 편이 더 쉬운" 시대에 살고 있다. 그리고 어쩌면 300여 년이 넘는 시간 동안 외양만 달라졌을 뿐, 그 근본적인 작동 메커니즘에는 아무런 변화가 없는 자본주의를 목도한다면, 그들의 말이 옳다고 고개를 끄덕이게 될지도 모른다. 그런 상황에서도 머릿속을 떠나지 않는 것은, 태어난 모든 것은 그것이 생물이든, 무생물이든, 또는 제도든, 문화든 태어난 이상 몰락과 파멸, 즉 죽음을 벗어날 수 없다는 만고불변의 철칙이다. 헤겔의 충실한 제자였던 마르크스는 『경제학–철학 초고』를 집필한 지 23년이 지난 후에 자본주의의 죽음과 파멸을 염두에 두고, 다음과 같이 적었다.

"변증법은 현존하는 것들에 대한 긍정적인 이해 속에 그것의 부정과 그것의 필연적인 몰락에 대한 이해를 함께 간직하고 있을 뿐만 아니라 생성하는 모든 형태를 운동의 흐름으로 파악하며, 따라서 언제나 그것들을 일시적인 것으로만 파악하기 때문이

다."(『자본』 제2판 후기에서[1])

　우리 시대가 속해 있는 이 자본주의적 환경을 진일보한 것으로, 다시 말해 물질적 재화의 평등한 분배의 측면에서든, 사회 구성원 모두의 공존과 인간적 삶의 보장의 관점에서든 지금보다 나은 것으로 견인하고자 한다면, 이 체제가 긴 역사적 과정에서 나타난 일시적인 것에 불과할 뿐이라는 변증법의 관점에 충실할 필요가 있다. 자본주의 경제체제를 인간이 누릴 수 있는 최상의 체제로 받아들이는 순간, 그래서 19세기 마르크스가 비판했던 국민경제학자들처럼 이 체제를 자연의 법칙과도 같이 몰역사적이고 영원한 것으로 만들면서 거기에 안주하는 순간, 무자비하고 파괴적이며 막을 수 없는 무소불위의 힘을 지닌 저거너트Juggernaut의 바퀴 아래에서 몰락과 파멸의 운명을 맞이해야만 하는 것은 자본주의가 아니라 곧 우리 자신일 것이기 때문이다.

---

[1]　마르크스 저, 『자본』 I-1, 강신준 옮김, 길, 2008, 61쪽.

제1장
『경제학-철학 초고』를 어떻게 읽을 것인가?

1. 『경제학-철학 초고』를 둘러싼 지난 세기의 대표적 논쟁

『경제학-철학 초고』는 마르크스의 초기 사상을 대표하는 텍스트이면서, 마르크스의 저작 중에서 가장 많은 논쟁을 불러온 텍스트이기도 하다. 그래서 『경제학-철학 초고』는 그동안 이 저작에 관심을 가진 다양한 이론가들에 의해 '청년 마르크스의 사상을 압축적으로 담고 있는 문헌'이라든가, '마르크스의 사상적 스승이라고 할 수 있는 헤겔의 사변철학의 영향 아래 과학적 마르크스주의로 이행하기 이전의 미성숙한 저작'이라는 평가를 받아 왔다. 한편에서는 자본주의 경제체제에 대한 과학적 분석을 행하고 있는 마르크스의 후기 저작들과 대비하여, 『경제학-철학 초고』에 드러난 인간관과 노동관, 노동 소외의 개념들을 집중적으로 조명하면서 마르크스 사상의 휴머니즘적 면모를 부각하는 데 분주했던 반면, 다른 한편에서는 『경제학-철학 초고』에 드러난 바로 이 휴머니즘 요소 때문에 이 텍스트를 과학적 이론으로서 마르크스 사상에 포함할 수 없는 이질적인 저작으로 내다 버리려는 움직임도 활발했다.

일례로 에리히 프롬Erich Fromm, 하인리히 포피츠Heinrich Popitz, 허버트 마르쿠제Herbert Marcuse, 모리스 메를로퐁티Maurice Merleau-Ponty, 게오르크 루카치Gorge Luckas와 같은 학자들은 『경제학-철학 초고』를 읽는 약간의 변별적 관점에도 불구하고, 이 텍스트에 함축된 독특한 철학적 색채와 휴머니즘 사상에 매료되었다. 이들은 공통적으로 『경제학-철학 초고』의 상당 부분을 차지하는 부르주아 경제학자들에 대한 마르크스의 발췌와 논평들을 부차적인 것으로 도외시하고, 소외, 유적 존재, 휴머니즘과 같은 개념들을 『경제학-철학 초고』의 대표 개념으로 강조함으로써, 이 텍스트에 나타난 마르크스의 사상을 당시 서구 산업사회의 비인간적 현실을 비판하기 위한 준거점으로 활용했다. 그러나 이와 같은 인간주의적 해석들은 마르크스 사상의 출발점이자 종결점인 헤겔 철학과의 관련 속에서 '외화'나 '소외', 인간의 본질로서 '유적 존재' 또는 '부정의 부정으로서의 변증법'과 같은 개념에만 천착함으로써, 바로 이 개념들이 텍스트 내에서 적확하게 자리잡는 데 필수적인 마르크스의 정치경제학적 분석을 누락시킨다. 무엇보다도『경제학–철학 초고』를 대표하는 개념인 '소외'가 텍스트의 흐름이나 구성상 마르크스가 애덤 스미스를 비롯한 수많은 부르주아 경제학자들의 저서들을 비판적으로 분석하면서 획득한 필연적 귀결이라는 점을 간과했다. 『경제학–철학 초고』에 대한 인간주의적 해석은 이 텍스트의 형성사를 완전히 무시한 채 마르크스의 지적 여정 전체 중 오직 특정한 시기만을 절취하여 편의적으로 활용하는 오류에 빠졌다.『경제학–철학 초고』에 포함된 마르크스의 부르주아 경제학 비판이 한편으로는 인간을 실천적이고 활동적인 존재로 간주하는 마르크스의 휴머니즘을 이해하기 위한 출발점을 이루며, 더 나아가 1850년대 이후 마르크스가 본격적으로 착수하는 자본주의에 대한 과학적 분석과 비판에 매우 중요한 토대가 된다는 점을 의도적으로 간과한 셈이다.

다른 한편 1960년대 구조주의적 마르크스주의를 대표하는 프랑스 구조주의 마르크스주의자 루이 알튀세르Louis Althusser와 그의 추종자들은『경제학-철학 초고』를 과학적 마르크스주의 이전에 집필된 저작으로 이해하며, 1846년『독일 이데올로기』 이후에 집필된 마르크스의 저작과는 그 관점이 완전히 다르다고 주장한다. '인식론적 단절'이라는 저 유명한 문구를 슬로건으로 삼는 알튀세르와 그의 추종자들은『경제학-철학 초고』에 담긴 휴머니즘적 공산주의, 노동의 소외와 같은 여러 개념들이 헤겔 관념철학의 영향을 완전히 벗어나지 못한 낡은 사변적 사유의 잔재라고 단정한다. "마르크스의 과학적 저작들로부터 철학적 범주들을 완전하게 제거하는 것"이야말로 진짜 마르크스를 복원하는 길이라는 굳건한 확신 아래, 이들 구조주의적 마르크스주의자는 마르크스 사상의 전 스펙트럼을 정확하게 두 개로 갈라서 2명의 마르크스를 만들어 낸다. 이들에게『경제학-철학 초고』로 대변되는 마르크스는 단연 '가짜 마르크스'다. 성숙한 마르크스에게서, 다시 말해 정치경제학 비판 시기의 마르크스에게서 '소외', '유적 본질', '인간주의'와 같은 개념들은 더 이상 의미 있는 범주도 아닐 뿐만 아니라, 자본주의에 대한 과학적 분석과 비판에 유효한 역할을 하지도 않는다. '철학적', '사변적', '목적론적', '휴머니즘적' 마르크스는 '과학적', '비사변적', '반목적론적', '반인간주의적'인 구조주의적 관점에 입각한 '인식론적 단절'이라는 필터를 통해 과감하게 걸러 내야만 한다는 것이다. 이들은『경제학-철학 초고』의 상당 부분을 차지하는 인간주의적 관점 및 유물론, 부정의 부정으로서의 변증법, 노동의 소외와 같은 철학적 개념들이 마르크스의 정치 경제학적 저작들 내에서도 중요한 의미를 갖는다는 점을 애써 모른 척한 채, 초기의 마르크스 또는 청년 마르크스를 후기 마르크스 또는 과학적 마르크스와 대립되는 하나의 이데올로기로 강등시켰다.

요컨대 앞서의 마르크스주의자들이『경제학-철학 초고』에서 철학과 철학적 휴머니즘에 충실하기 위해 정치경제학을 옆으로 치워 버렸다면, 이들 구조주의 마르크스주의자들은 정치경제학을 건져 내기 위해『경제학-철학 초고』에서 인간을 쓸어 내 버렸다. 인간주의적 해석이든, 구조주의적 해석이든, 여기서 중요한 점은『경제학-철학 초고』가 이 해석자들이 문제시했던 특정 시대의 정세적 편익에 따라 일부분이 과도하게 강조되어 왔다는 것이다. 두 입장 모두『경제학-철학 초고』에 대한 엄밀한 문헌학적 연구에 기반해 있지 않다.

1927년『경제학-철학 초고』가 불완전한 형태로나마 세상에 처음으로 공개된 후, 이 저작이 진짜 마르크스와 가짜 마르크스를 가려내기 위한 해석의 전쟁터가 된 이유는 무엇보다도 이 저작을 하나의 완결된 텍스트로 간주하는 잘못된 전제 때문이었을 것이다. 따라서 우리가『경제학-철학 초고』를 읽기 위한 출발점에 섰다면, 다음과 같은 점을 염두에 두어야 한다.

첫째, 이 텍스트는 마르크스가 정치경제학 연구를 막 시작했을 무렵인 파리 체류 시절, 당대의 부르주아 경제학자들의 저서를 열정적으로, 그리고 거의 광적으로 탐독하면서 그들의 이론 상당 부분을 문장 그대로 발췌하여 여러 권의 분책으로 기입해 둔 방대한 분량의 원고 뭉치로 이뤄져 있다는 점이다. 이는『경제학-철학 초고』가 하나의 완성된 저작으로 출판하려고 했던 것이 아니라는 점과 관련되어 있다.『경제학-철학 초고』를 이루는 각 분책들에는 마르크스 당대의 경제학자, 철학자, 공상적 사회주의자와 유토피아주의자, 좌파 자유주의 이론가들 및 사회 개혁가들의 문헌들에 대한 길거나 짧은 발췌문과 그에 대한 마르크스의 논평과 해석이 한데 뒤섞여 있다. 『경제학–철학 초고』를 구성하는 이와 같은 문헌학적 사정 때문에, 우리는 이 텍스트를 어떤 특정한 해석적 관점에 가두고, 이를 뒷받침하는 문장이나 구절만을 뽑아서 그 해석이 텍스트 전체를 대표한다고 주장해서는 안 된다. 오히려 우리는 『경제학–철학 초고』를 1844년의 시대적, 지적, 사상적 상황의 한가운데에 놓고, 이 텍스트 이전과 이후를 오가면서, 마르크스의 지적 발전 과정을 추적해야만 한다.

둘째, 『경제학–철학 초고』는 처음부터 끝까지 어떤 특정한 서사를 따라 읽어 갈 수 있는 텍스트가 아니다. 텍스트를 접해 본 사람이라면 익히 알고 있겠지만, 이 텍스트는 어떤 개념이나 이론을 친절하게 하나하나 설명해 주지 않는다. 더욱이 이 텍스트를 완독했다고 해서 전체적으로 무엇을 읽었는지 일목요연하게 정리할 수 있는 것도 아니다. 따라서 이 텍스트에 대한 체계적 서사를 구성하려고 시도하기보다는 오히려 자연, 인간, 노동, 사회, 소외, 공산주의, 인간의 욕구, 감각 또는 감성, 분업, 화폐 등과 같은 텍스트에 담긴 개념들에 주목하고, 이에 대한 마르크스의 서술과 진단의 현재성을 성찰해 보는 것이 바람직할 것이다. 간략히 말해『경제학-철학 초고』와 관련하여 오늘날 우리에게 필요한 것은『경제학-철학 초고』에 대한 역사적-비판적 연구가 더 절실하다는 것이다.

이런 이유 때문에 오늘날 대부분의 마르크스 연구자들은『경제학-철학 초고』를 두고 더 이상 '인간주의냐? 이론적 반인간주의냐?'라는 질문을 반복하지 않는다. 중요한 것은,『경제학-철학 초고』를 마르크스 사상의 지속적 발전과 성숙의 과정에 두고 이해하는 것이기 때문이다. 물론 이 과정에서 청년 마르크스와 성숙한 마르크스 사이에 분명한 차이가 발견될 수도 있다. 초기 저작들의 주요 개념들이 후기 저작들에 이르러 배면으로 물러서 있을 수도 있고, 아예 자취를 감추어 버릴 수도 있다. 그렇다고 하더라도 초기 저작과 후기 저작에 대한 개념적 변화를 추적하고 이를 이론화하는 면밀한 연구의 기초가『경제학-철학 초고』라는 점에는 반박의 여지가 없다. 무엇보다도『경제학-철학 초고』에 대한 문헌학적 천착을 통해서만 '인간주의자 마르크스냐', '이론적 반인간주의자 마르크스냐', 다시 말해 '인간주의냐, 과학주의냐'라는 지루한 논쟁을 반복하지 않을 수 있다.

2. 『경제학-철학 초고』의 문헌사에 대한 간략한 소개 및 문헌 구성[2]

『경제학-철학 초고』는 1927년 매우 불완전한 형태로 처음 세상에 공개되었다. 마르크스가 『경제학-철학 초고』를 집필한 지 거의 100년이 다 되어서야 이 원고가 알려진 셈이었다. 마르크스와 엥겔스 사후, 이들의 원고 및 유고를 모두 취합하여 마르크스-엥겔스 전집(Marx-Engels Gesammelt Ausgabe, MEGA)[3]을 최초

---

2 『경제학-철학 초고』의 발간 역사와 구성, 그리고 이 초고를 둘러싼 그간의 학문적 논쟁에 대한 가장 깊이 있는 논의는 현재 국내에서 고(故)정문길의 연구가 유일하다. 따라서 해당 절에서 소개하고 있는 『경제학-철학 초고』의 발간사 및 구성에 대한 간략한 개요 이상의 것을 원하는 독자들은 정문길, 『에피고넨의 시대』, 문학과지성사, 1987, 191~266쪽을 참조하기를 권한다. 또한 『경제학-철학 초고』의 발간사와 구성에 대해 국내에 번역·소개되어 있는 문헌으로는 마르셀로 무스토 저, 『마르크스와 마르크스주의를 다시 생각한다』, 하태규 옮김, 한울아카데미, 2013을 참조하는 것도 좋다. 해당 절에서 소개한 내용은 위의 두 문헌들을 참조했음을 미리 밝혀 둔다.

3 마르크스-엥겔스 전집인 Marx Engels Gesammtausgabe는 줄여서 'MEGA'로 표시한다. 최초의 MEGA 전집은 1927년 제1부 제1권 제1분책(MEGA I/1.1)으로 발간됐고, 1938년에 1차로 중단된다. 이때의 마르크스-엥겔스 전집을 MEGA¹ 혹은 구MEGA로 부른다. 이후 1973년에 베를린과 모스크바를 중심으로 다시 전집 기획이 시작됐고, 베를린 장벽이 붕괴된 1989년까지 총 43권이 출간됐다가, 여러 우여곡절을 겪은 후 1998년부터 국제 마르크스 엥겔스 재단(Internationale Marx-Engels-Stiftung)

로 발의한 모스크바 마르크스-엥겔스 연구소Marx-Engels-Instituts Moskau 소장인 다비드 리야자노프David Rjazanov가 파리 시절 마르크스가 작성했던 원고를 발견하고, 이 원고들 가운데 일부, 즉 현재 『경제학-철학 초고』의 「제3분책」에 속하는 내용을 『신성 가족의 예비 작업』이라는 제목으로 러시아어로 번역 출판한 것이 『경제학-철학 초고』 문헌사의 시작이었다. 이 안에는 『경제학-철학 초고』의 「제3분책」을 이루고 있는 「사적 소유와 노동」, 「사적 소유와 공산주의」, 「욕구, 생산 및 분업」, 「헤겔 변증법과 철학 일반에 대한 비판」 등이 포함되어 있었다.

1927년 러시아어로 소개된 『경제학-철학 초고』와 관련해서 오늘날 마르크스 연구자들은, 당시 리야자노프가 『경제학-철학 초고』에 붙인 『신성 가족의 예비 작업』이라는 제목이 『경제학-철학 초고』의 성격과 관련하여 적절하지 않으며, 또한 이

이 다시 본격적으로 편집 및 출판하고 있는데, 이 전집을 MEGA² 혹은 신MEGA로 부른다. MEGA²의 전체 간행 목표는 총 114권으로, 2019년 기준 총 65권이 간행됐다. 무엇보다도 MEGA²는 마르크스-엥겔스의 유일한 학술 정본이다. MEGA²와 달리, 마르크스와 엥겔스의 저작을 대중들에게 널리 유포하는 목적으로 출판된 마르크스-엥겔스 저작집(Marx Engels Werke)은 1956년부터 1968년까지 총 39권이 발간됐다.

원서가 가진 독립성을 고려하지 못한 부적절한 것이라는 데 전반적으로 동의하고 있다. 『경제학-철학 초고』를 통해 마르크스가 다루고 있는 내용이 『신성 가족』이라는 저서를 집필하기 위한 밑그림이라고 보기에는 『경제학-철학 초고』에서 마르크스가 다루고 있는 문헌들의 범위가 대단히 방대하기도 하지만, 『경제학-철학 초고』를 대표하는 것으로 간주되는 초기 마르크스의 소외 이론, 공산주의론, 자연관과 같은 독창적이고 독보적인 사상적 측면에서도 리야자노프가 주장했던 것처럼, 『경제학-철학 초고』를 『신성 가족』을 위한 예비적 작업으로 보는 것은 부적절하다고 판명되었다.

『경제학-철학 초고』가 완전한 형태로, 체계를 갖춰 출판된 것은 1932년이다. 오늘날 우리에게 알려져 있는 『경제학-철학 초고』라는 제목 또한 1932년 모스크바 마르크스-엥겔스 연구소에 의해 출판되었던 MEGA의 제1부 3권에서 비롯되었다. 1932년 『경제학-철학 초고』의 판본은 『1844년 경제학 철학 초고』라는 제목 아래 「정치경제학 비판을 위하여. 헤겔 철학에 관한 결론적 장과 함께」라는 부제목을 달고 출판되었다. 이 판본은 『경제학-철학 초고』를 구성하는 세 권의 분책들 중 일부를 누락하거나, 순서를 잘못 배열했던 기존 판본들의 오류를 교정했다. 그리고 세 권의 분책 안에 들어 있는 마르크스의 글에 그 내용에 부합하는 제목을 붙였다. 그 결과 『경제학-철학 초고』는 1932년 판본에 따라, 「제3분책」에 포함되어야 할 「서문」이 맨 앞으로 배치되었고, 「제1분책」에 포함된 각 글은 〈임금〉, 〈자본의 이윤〉, 〈지대〉, 〈소외된 노동〉이라는 하위 제목을 갖게 되었다. 또한 유실량이 가장 많은 「제2분책」에 〈사적 소유의 관계〉라는 제목을, 「제3분책」에 포함된 각 글들에는 〈사적 소유와 노동〉, 〈사적 소유와 공산주의〉, 〈욕구, 생산 및 노동 분업〉, 〈화폐〉, 〈헤겔 변증법과 철학 일반에 관한 비판〉이라는 하위 제목들을 붙였다. 마지막으로, 마르크스가 헤겔의 『정신현상학』 '절대지'장으로부터 옮겨 적은 분책을 「제4분책」 부록으로 편집하여 〈정신현상학의 마지막 장에서 마르크스의 발췌〉라는 제목으로 체계를 잡았다.[4] 1932년 MEGA의 출판 작업의

---

[4] 1932년 출판된 『경제학-철학 초고』는 발견 당시 「제3분책」 사이에 끼어 있었던 마르크스의 이 글, 즉 헤겔 『정신현상학』의 마지막 장인 '절대지'에 대한 마르크스의 발췌 글을 『경제학-철학 초고』의 「제4분책」 부록으로 처리하고, 이를 논리적 배열에 따라 가장 마지막에 배치하였다. 1982년에 MEGA² 제1권 제2부로 발간된 『경제학-철학 초고』는 이 글을 『경제학-철학 초고』가 끝나는 맨 뒤에 별도로 배치함으

일환으로 발간된 『경제학-철학 초고』의 첫 판본은, 1960년대를 전후로 하여 시작된 MEGA 출판 작업을 통해 1982년에 재발간되기까지 거의 모든 연구와 번역을 위한 정본으로 자리 잡았다.

1982년 MEGA²에 『경제학-철학 초고』가 새롭게 출판되었다. 마르크스-엥겔스 전집을 그 발생 순서에 따라 문헌학적 고증과 엄격성을 원칙으로 모두 발간한다는 편집 원칙 아래 1982년에 출판된 『경제학-철학 초고』는 두 개의 재현부로 구성되게 되었다. 제1재현부는 마르크스가 당시 썼던 원고 형태 그대로를 시간적 순서에 따라 재현한 것이고, 「제1분책」의 경우에 지면을 세 개의 단으로 나눠서 마르크스의 글을 배치한 것이 특징인 반면, 제2재현부는 초고의 원래 집필 순서가 아니라, 내용상 전개되어야 할 논리적 순서에 따라 각 분책 내에서 장과 절

로써 이 발췌 분책을 『경제학-철학 초고』의 일부로 보는 시각을 교정하였다. 그러나 연구자들에 따라, 이 발췌 노트가 발견 당시 「제3분책」 사이에 끼워져 있었다는 점, 『경제학-철학 초고』의 「제3분책」에 들어 있는 〈헤겔 변증법과 철학 일반에 대한 비판〉과 관련하여 이 발췌 노트를 『경제학-철학 초고』와 무관한 것으로 볼 수 없다는 주장도 존재한다. 해당 초고를 어떻게 자리 지정할 것인가의 문제는 좀 더 전문적인 문헌학적 연구가 필요하다. 현재 국내에 번역, 소개된 『경제학-철학 초고』에는 이 발췌 분책이 포함되어 있지 않다.

을 구분했다.[5]

『경제학-철학 초고』는 마르크스 자신이 표시한 "제1분책", "제2분책", "제3분책"으로 구성되어 있다. 분책의 각 순서는 마르크스가 집필했던 시기에 따른 것이다. 1844년 5월 말부터 6월 사이 집필된 「제1분책」은 부르주아 경제체제의 3가지 요소인 임금, 자본의 이윤, 지대를 소제목으로 하고 있으며, 스미스, 세와 더불어 윌리엄 슐츠William Schulz, 콘스탄틴 페쾨르Constantin Pecqueur, 샤를 루동Charle Loudon 등과 같은 좌파 자유주의자들의 저작에 대한 마르크스의 발췌가 담겨 있다. 「제1분책」 후반부는 마르크스의 인간관, 자연관, 노동관을 기반으로 한 노동 소외에 관한 풍부한 철학적 통찰이 담겨 있으며, 청년 마르크스

---

5   국내 『경제학-철학 초고』의 대표적인 한글 번역본은 다음과 같다. 이론과실천에서 출판한 『경제학-철학 수고』는 동독에서 펴낸 MEW 40권(1981년판)을 대역한 것이고, 박종철출판사에서 펴낸 『1844년의 경제학 철학 초고』는 MEGA² I-2(1982년)를 대본으로 삼았다. 특히 후자는 MEGA²의 편집자 서문, 제1재현부, 제2재현부의 편제와 유사한 구조로 되어 있다. 『경제학-철학 초고』를 접하는 가장 좋은 방법은 독일어 원문과 직접 대면하는 것일 테지만, 그러기에 여의치 않다면 MEW나 MEGA²를 대역본으로 삼은 한글본을 읽을 수밖에 없다. 그러나 『경제학-철학 초고』를 좀 더 엄밀하게 문헌학적 또는 학문적으로 접근하고자 한다면, MEGA를 대역본으로 삼은 문헌으로 공부하는 것이 더 좋다.

또는 초기 마르크스의 사상을 가장 집약적으로 보여 주는 부분으로 알려져 있다.

1844년 7월 말경에 작성된 것으로 알려진 「제2분책」은 〈사적 소유의 관계〉라는 제목이 붙어 있는데, 해당 분책은 유실된 페이지들이 많아서 다른 분책들과 달리 가장 분량이 짧기 때문에 전체적인 내용을 일목요연하게 파악하는 것이 쉽지 않다. 「제2분책」은 「제1분책」에서 발췌한 국민경제학 이론에 대한 분석을 토대로 자본과 토지, 노동, 사적 소유 간의 관계를 논의한다. 토지 소유가 지배적이던 봉건적 경제체제에 대한 자본의 승리 그리고 이로 인한 사적 소유의 전면화 및 사적 소유가 노동과 맺고 있는 관계에 대한 서술이 「제2분책」의 중심 내용을 이룬다.

1844년 8월에 집필된 것으로 알려진 「제3분책」은 『경제학-철학 초고』에서 차지하는 분량이 가장 많고 다루고 있는 내용 또한 광범위하다. 텍스트 편제상 『경제학-철학 초고』의 맨 처음에 배치되었던 「서문」 또한 본래 「제3분책」에 포함되어 있었다. 「제3분책」은 당대 사회 개혁적 성향을 가지고 활동했었던 다양한 공산주의 이론에 대한 검토와 비판, 포이어바흐의 인간학적 유물론의 공과에 대한 평가를 전제로 하여, 헤겔의 관념 변증법에 대한 본격적인 분석과 비판을 포함한다. 또한 마르크스가 『경제학–철학 초고』 집필 당시 구상했던 공산주의에 대한 견해, 인간과 자연에 대한 마르크스의 유물론적 이해 등등을 포괄적으로 다루고 있다.

「제1분책」에서 「제3분책」에 이르기까지 『경제학–철학 초고』가 다루고 있는 내용들을 일별한다면 크게 세 가지 정도로 간추릴 수 있다. 첫째, 스미스, 세, 리카도, 슐츠, 페쾨르 등등을 망라하는 당대 부르주아 경제학자들의 이론과 그에 대한 마르크스의 비판이다. 마르크스는 이들 국민경제학적 이론이 모두 공통적으로 자본주의에 대한 몰역사적인 관점에 서 있으며, 그 때문에 이 이론이 자본주의 경제체제를 직접적으로 주어진 것으로 전제한다고 비판한다. 둘째, 마르크스가 『경제학–철학 초고』를 집필하던 당시 파리를 중심으로 맹활약을 하고 있었던 프루동, 그리고 당시 공산주의라는 이름 아래 자본주의 경제체제의 폐단들을 치유하기 위해 여러 방식의 개입으로 실천적 대안들을 모색하고 있었던 사회주의 및 공산주의 이론들에 대한 비판이다. 마르크스에 의하면 이들은 부르주아 경제체제의 문제점을 이해하고는 있었으나 사적 소유의 발본적 원인분석에까지 이르지 못한 채 피상적 차원에서 자본주의의 제 문제에 접근하고 있으며, 이들의 이론은 자본주의에 대한 역사적 분석, 그리고 자본주의를 특징짓는 사적 소유의 전면화나 보편화에 대한 이해 없이 노동자들의 임금인상이나 노동여건을 개선하는 것만으로는 자본주의의 부정적 폐해를 치유할 수 없다는 것을 그 내용으로 한다. 셋째, 포이어바흐의 인간학적 유물론 또는 감성적 유물론의 수용을 토대로, 인간과 인간의 물질적 실천과 삶을 절대정신의 현상 또는 술어로 간주하는 헤겔 관념 변증법에 대한 비판이다. 마르크스는 「제3분책」에 포함되어 있는 〈헤겔 변증법과 철학 일반에 대한 비판〉에서 헤겔 관념변증법에 대한 비판자로서 포이어바흐의 철학이 세운 공로를 인정하면서, 포이어바흐의 유물론을 통해 헤겔의 관념변증법을 비판한다. 헤겔 변증법이 담지한 부정성, 그리고 이 부정의 자기부정에 의한 긍정으로서 변증법의 운동성이 높이 평가되기는 하지만, 이 변증법적 운동의 주체가 인간, 즉 자연적인 인간이라는 점을 헤겔 철학이 망각한다는 사실을 통렬하게 비판한다. 마르크스가 보기에 인간은 헤겔이 규정하듯, 의식, 자기의식

혹은 정신적 존재이기 이전에 자연적 존재이며, 동시에 이 자연을 변형하면서 자신의 내적 자연을 사회적 관계 속에서 형성하는 인간적 존재라는 이유에서다.

총괄하자면, 『경제학-철학 초고』는 당대 국민경제학 또는 정치경제학이라고 불렸던 일련의 경제학자들에 대한 마르크스의 비판적 평가를 담아내는 한편, 유물론적 관점에 입각한 인간 이해 또는 사회 이해와 관련하여 헤겔의 변증법적 관념론에 대한 비판적 서술을 담아내는 이중적 층위를 갖는다고 볼 수 있다. 『경제학-철학 초고』에서 쓰인 수많은 발췌문들은 이 두 가지 목적 아래, 각 입장을 자본주의적 생산관계라는 특정한 역사적 국면 아래에서 조망함으로써 그 이론적 실천적 한계들을 드러내고, 이로부터 자본주의적 생산관계가 양산하는 부정적 현상, 즉 노동과 인간의 소외로부터 새로운 해법을 제시하는 것을 목적으로 삼는다고 볼 수 있다.

❧

『경제학-철학 초고』가 갖는 이러한 사상사적 의미들을 일정하게 염두에 둔다고 하더라도, 해당 텍스트를 홀로 읽어 나간다는 것은 쉬운 일이 아니다. 마르크스 생전에 그가 이 책을 출간하기 위한 목적으로 텍스트를 정리해 둔 적도 없으려니와, 이 글은 마르크스가 자기 공부를 위해 수많은 경제학자의 텍스트를 발췌하고, 중간중간 그의 견해들을 논평한 방식으로 기록한 초고이기 때문이다. 또한 해당 텍스트에 전제되어 있는 수많은 이론적 배경과 맥락들을 구체적으로 그리고 정확하게 이해하는 것도 쉽지 않다. 무엇보다도 『경제학-철학 초고』를 읽고 그 내용을 어느 정도 이해하기 위해서는, 마르크스의 지적 이력 속에서 그가 만났던 수많은 사상가, 예컨대 청년헤겔학파의 가장 중요한 일원이면서 마르크스의 실천적·비판적 유물론에 지대한 영향을 미쳤던 포이어바흐의 사상과 마르크스가 『자본』의 초판 서문에서, 변증법의 합리적인 핵심을 간파했으나 그것을 신비화시켰다고 비판한 헤겔의 사상을 어느 정도 이해하고 있어야 한다. 또한 『경제학-철학 초고』를 완벽하게는 아닐지라도, 수월하게 읽고 이해하려면 마르크스 당대 또는 그 이전에 전개되었던 경제사상사에 대한 선이해도 필수적이다. 그중에서도 마르크스의 사상 형성에 막대한 영향을 미쳤던 독일관념철학의 완성자인 헤겔과 그에 대한 비판자 포이어바흐의 사상에 대한 이해가 가장 중요하다.

3. 『경제학-철학 초고』의 주요 개념들

마르크스는 베를린 대학의 법학도였다. 그러나 잘 알려진 것처럼, 그는 법학보다는 철학에 더 심취했다. 당시 헤겔 철학의 정신적 본원지였던 베를린 대학으로 옮긴 후 그는 헤겔 철학에 깊이 빠져들었고, 보수적인 프로이센 기독교 국가에 대항하기 위해 헤겔 철학을 진보적 관점에서 수용했던 청년헤겔학파의 구성원들과 교류했다. 마르크스가 이 지적인 성장 과정 속에서 터득한 헤겔 철학은 그 사변적인 색채에도 불구하고 마르크스를 사로잡았으며, 특히 세계를 끊임없는 발전의 과정으로 이해하는 헤겔의 변증법은 초기 마르크스의 저작들 뿐만 아니라, 후기까지도 영향을 끼쳤다. 헤겔 철학이 마르크스 사상에 끼친 영향은, 비록 그가 헤겔 철학에 내재된 사변적이고 관념적인 경향에 대해 비판적인 태도를 가졌음에도 불구하고 지속적으로 유지되었다고 할 수 있다.

그럼에도 마르크스의 사유 경향은 헤겔의 관념철학과 달리,

현실적이고 물질적인 생활의 제 관계에 대한 분석과 이해를 향해 있다. 마르크스에 의하면 역사와 세계 속에서 인간을 이해하는 가장 본질적인 출발점은, 인간이 무엇을 생각하고 무엇을 쓰느냐가 아니라, 인간이 무엇을 생산하고 어떻게 생산하는가에 놓여 있다. 마르크스의 이해에 따르면, 인간은 역사적으로 제약된 특정한 물질적인 조건에 의해 종속되기는 하지만, 이에 수동적으로 포박당하거나 지배당하는 것이 아니라, 그 조건과의 지속적인 관계 속에서 새로운 환경을 만들어 간다. 바로 이런 이해는 18세기에 본격화된 자본주의 경제체제를 탈역사적인 맥락에서 주어진 것, 직접적인 것으로 받아들임으로써 이를 영원불변한 자연법칙으로 간주하고, 궁극적으로는 자본주의 경제체제의 현실적인 제 모순을 있는 그대로 인준해 버린 국민경제학자들의 관점과도 차별화되며, 더 나아가 인간, 인간의 사회, 그들의 제반 환경을 인간의 물질적인 실천 활동으로부터 찾지 않고, 사유·정신과 같은 관념적인 활동을 통해 규정하는 관념철학과도 차별화된다.

요컨대 마르크스의 이해에 의하면 자본주의는 인간의 모든 시대를 관통하는 자연법칙처럼 불변적이고 항구적인 것이 아니며, 인간 또한 사유하는 자아나 정신을 가진 관념적이고 추상적인 존재이기 이전에 먹고, 생산하고, 활동하면서, 자신이 처해 있는 환경에 일차적으로 영향을 받는 존재다. 또한 인간을 관념적이고 추상적인 존재로 이해하는 것을 거부하고, 구체적으로 그가 무엇을, 어떻게, 어떤 환경에서 생산하고 활동하는가를 중심으로 바라보고자 한 마르크스의 이해는, 인간이 자연과의 관계에서 수행하는 노동에 대한 새로운 고찰을 지향하고 있다. 자본주의를 역사의 특정한 경제체제로 규정함으로써 선행하는 역사적 경제체제를 통해 매개된 것으로 보려는 마르크스의 이러한 관점에 따르면, 생산수단의 사적 소유라는 독특한 소유 구조 또한 영원하고 불변적인 것이 아니다. 언젠가는 새로운 소유관계가 기존의 소유관계를 대체할 것이라는 마르크스의 분석은 여기『경제학-철학 초고』에서 인간의 얼굴을 한 공산주의, 즉 휴머니즘적 공산주의라는 새로운 사회에 대한 예견으로 이어진다. 따라서『경제학-철학 초고』는 19세기 유럽의 지성사적 맥락 속에서, 첫째, 자본주의에 대한 역사적 분석과 이해를 통해 기존의 국민경제학자들의 자본주의 이해와 그 결을 달리한다는 점에서, 둘째, 부르주아적 관점에 입각한 노동에 대한 분석과 서술을 탈피하여, 유물론적 관점에서 노동을 철학적으로 정초하고, 자본주의 사회에서 그것이 갖는 중요성을 부각시키고 있다는 점에서 동일한 주제를 다루는 여타의 사상서들과 차별성을 갖는다.

이러한 맥락에서 우선 『경제학-철학 초고』의 핵심 개념과 관련하여 부르주아 정치경제학에 대한 마르크스의 비판적 논의를 살펴볼 필요가 있으며, 더 나아가 마르크스의 유물론적 인간 이해를 대표하는 유적 존재, 자연, 인간주의 또는 자연주의와 같은 제 개념들이 함의하는 바가 무엇인지 좀 더 정확하게 짚어 보아야 한다. 이 개념들은 『경제학-철학 초고』 안에서 서로 밀접한 관련을 맺으면서 사적 소유의 지양으로서 인간주의적 공산주의라는 개념으로 수렴되기 때문이다.

1) 부르주아 정치경제학 또는 국민경제학 비판

전체 세 권의 분책과 몇몇 단편들로 이루어진 『경제학-철학 초고』에서 부르주아 정치경제학에 대한 발췌 및 인용을 가장 많이 담고 있는 곳은 「제1분책」이다. 『경제학-철학 초고』를 구성하는 세 권의 분책은 전체적으로 완결성을 가지고 있지 않지만, 「제1분책」은 여러 가지 주제들에 대한 글 모음의 형식을 띠고 있는 「제3분책」과 달리 일정 정도의 완결성을 지니고 있으며, 전체 구성 또한 비교적 체계적이라고 할 수 있다. 또한 「제1분책」의 전반부는 스미스의 『국부론』에서 마르크스가 발췌해 온 글들이 대부분을 차지하고 있으며, 그 외 세, 페쾨르, 슐츠와 같은 다른 경제학자들의 텍스트에 대한 발췌문도 포함되어 있다. 더욱이 이 긴 발췌가 끝난 이후, 「제1분책」의 후반부는 『경제학-철학 초고』를 대표하는 핵심 내용으로 알려진 노동 소외론에 대한 마르크스 자신의 글이 이어지고 있는데, 「제1분책」이 전개되는 이러한 흐름을 고려해 보았을 때, 부르주아 경제학자들에 대한 마르크스의 발췌 글과 마르크스가 전개하고 있는 노동 소외론이 특정한 연관을 가지고 있음을 알 수 있다. 이것은 "소외된 노동과 사적 소유"라는 제목이 붙은 글의 첫 문장인 "우리는 국민경제학의 전제들로부터 출발하였다"가 지금까지 부르주아 경제학자들의 저서에 대한 발췌가 끝났다는 것을 보여 줄 뿐만 아니라, 이 발췌를 끝으로 하나의 새로운 결론, 즉 "소외된 노동"이 도출됐다는 것을 함축한다.

마르크스가 당대 부르주아 경제학자들의 텍스트를 발췌하

면서 비판적으로 견지했던 관점은 대략 다음과 같이 개관될 수 있다.

첫째, 마르크스는 부르주아 경제학이 자본주의를 자연적인 것으로 전제한다고 비판한다. 『경제학-철학 초고』에서 마르크스는 '자본주의'라는 용어를 직접 사용하지도, 자본주의의 역사적 기원을 서술하지도 않지만, 「제1분책」에서 봉건적 토지 소유가 자본주의적 사적 소유로 전환되는 역사적 필연성 및 그 과정에서 이뤄진 토지 소유자 혹은 지주와 자본가의 갈등을 간략하게 개관하고 있으며, 아직은 완성되지 못한 회화의 밑그림이라고 할 수 있는 이런 개괄적 서술은 『자본』에 이르러, 자본주의의 역사적 발생 과정에 대한 구체적인 분석과 서술로 완성된다. 특히 마르크스는 『자본』 제1권 제24장 「이른바 본원적 축적」에서 이에 대해 상세하게 논하고 있다. 여기에서 마르크스는 "생산수단과 생활수단이 처음부터 자본이 아니었던 것과 마찬가지로 화폐와 상품도 처음부터 자본이었던 것은 아니다"[6]라고 서술한다. 이것들이 자본으로 전화되기 위해서는 화폐와 생

---

6 마르크스 저, 『자본』 I-2, 강신준 옮김, 길, 2010, 962쪽.

산수단, 생활수단을 소유한 자 또는 달리 말해 다른 사람의 노동력을 구입하여 자신이 점유하고 있는 가치액을 증식시킬 수 있는 힘을 가진 자와, 자신의 노동력만을 가져, 이를 자유롭게 판매하는 자가 전제되어야 한다. 이 양자의 분리 혹은 이 양자의 대립이야말로 자본주의가 등장하기 위한 가장 근본적인 조건이다.

부르주아 경제학자들이 처음부터 직접적으로 주어진 것으로서 전제하는 자본주의란, 마르크스에 의하면 생산자가 생산수단으로부터 역사적으로 분리되는 과정을 통해서 형성된 것이다. 자본주의 경제체제를 정확하게 이해하기 위해서는 자본주의에 선행하는 전前 자본주의적 경제적 구조의 해체 과정에 대한 역사적 이해와 분석이 필요하다는 것이 마르크스의 근본적 입장이다. 마르크스는『자본』에서 이 역사를 전 자본주의적 경제체제 속에서 "모든 생산수단과 또 낡은 봉건적 제도에서 생존의 보장을 위해 부여받았던 모든 권리를 박탈당한 사람들"에 대한 수탈의 역사로 기록한다. "그들에 대한 수탈의 역사는 피로 얼룩지고 불길에 타오르는 문자로 인류의 연대기에 기록되어 있다."(『자본』I-2, 964쪽)

자본주의 경제체제를 직접적으로 주어진 것으로, 다시 말해 그들 분석의 출발점으로 삼는 부르주아 경제학자들에게 자본주의가 사적 소유에 기반하고 있는 경제체제라는 점과 그로 인한 '사적 소유의 법칙과 운동'은 포착되지만, 이 사적 소유가 비롯된 원인, 그리고 그 결과에 대한 고찰은 행해지지 않으며, 그로 인해 발생하는 문제 또한 본질적인 것으로 간주되지 않는다. 간단히 말해 부르주아 경제학자들의 시각은 몰역사적이며, 이 몰역사성이 자본주의 분석을 위해 부르주아 경제학이 사용하는 범주들에도 그대로 투영된다.

　　둘째, 마르크스는 부르주아 경제학이 사적 소유 또한 자연적인 것으로 보며 이를 인간 사회의 영원한 법칙으로 간주한다고 비판한다. 자본주의의 역사적 성격을 문제 삼지 않는다는 것은 곧 자본주의의 본질인 사적 소유의 역사적 본질을 문제 삼지 않는다는 것이요, 따라서 자본주의를 자연적인 것으로 다루는 것과 똑같이 사적 소유 또한 자연적이고 영원한 것으로 간주한다는 것을 의미한다. 이 때문에 부르주아 경제학은, 자본주의적 사적 소유와 관련하여서도 인간이 지닌 소유욕과 경쟁의 본성에서 그 원인을 찾는다. 이를 두고 마르크스는 국민경제학이 사적 소유라는 사실로부터 출발하지만, 사적 소유에 대해 어떤 설명도 해 주지 않으며, 노동과 자본, 자본과 토지 사이의 분리의 근거에 대해서도 아무런 해명을 하지 않는다고 비판한다. 마르크스가 보기에 국민경제학은 사적 소유를 국민경제학적 범주들이 전개되는 절대적인 출발점으로 삼고, 이로부터 자본주의의 운동법칙을 해명하고는 있다. 그러나 이들 국민경제학자들은 무엇보다도 역사적인 관점에서 '설명되고 해명되어야 할 사항'을 '주어진 그대로 수용하면서 전제하고 있다'는 점에서 자본주의적 사적 소유를 정당화하고, 이로 인해 사적 소유의 원인과 본성을 그들이 인간의 자연적 본성이라고 간주한 '소유욕'으로부터 찾는 오류를 범하고 있다.

이러한 관점에 입각하여, 마르크스는 부르주아 경제학 및 그 범주들의 탈역사성, 그리고 이 경제학자들의 몰역사적 의식을 비판하고, 이들이 사적 소유의 역사적 발생 과정 및 그 본질을 분석하지 않았기에, 필연적으로 자본주의의 계급적 성격을 은폐하고 묵인하게 되며, 자본주의의 내적 모순 또는 사적 소유로부터 필연적으로 귀결되는 노동의 소외 또한 묵인하거나 불가피한 것으로서 간주하게 된다고 비판한다. 자본주의 생산양식 아래에서 노동자들이 처한 비참한 상황은 이들 경제학자들에게는 그저 온정적인 시선의 대상이거나, 자본주의 생산의 법칙을 합리적으로 계산하고 분석하기 위한 요소에 불과한 것으로 간주될 뿐이다. 노동을 모든 부의 원천으로 가장 먼저 천명했던 부르주아 경제학은 바로 자본주의 사적 소유에 대한 몰역사성 때문에, '왜 자본주의적 생산양식 내에서 노동자들이 자본가나 지주에 비해 항상 가난하고 비참한 상태를 벗어나지 못하는가'를 설명해 내지 못한다. 그리고 이것은 마르크스에 의하면 사적 소유에 기반한 자본주의의 계급적 성격에 대한 부르주아 경제학의 맹목성을 직간접적으로 예증한다.

2) 유적 존재

『경제학-철학 초고』를 이해하기 위해서는 포이어바흐의 철학에 대한 마르크스의 비판적 수용을 필수적으로 알아야 한다. 1845년에 작성된 「포이어바흐에 관한 테제」 이전에 마르크스는 포이어바흐가 전개한 인간에 대한 유물론적 이해에 적극적인 지지와 동의를 보냈다. 『경제학-철학 초고』에서 전개되는 마르크스의 인간관 또한 포이어바흐의 유물론으로부터 크게 영향을 받은 것이었다. 『경제학-철학 초고』에 드러난 마르크스의 인간관을 특징짓는 핵심 개념은 '유적 존재'이며, 이 개념은 포이어바흐 인간관의 핵심을 이루고 있다.[7]

유적 존재란 인간이 개별적 존재이자 보편적 존재로서 존재한다는 인간에 대한 마르크스의 이해를 대표하는 개념이다. 앞

---

[7] 마르크스가 『경제학-철학 초고』에서 인간의 규정을 위해 도입한 '유적 존재(Gattungswesen)'라는 개념은 마르크스에게 영향을 미친 청년헤겔학파의 일원인 루트비히 포이어바흐에게서 계승한 것이다. '인간학적 유물론' 또는 '감성적 유물론'을 정초한 철학자로 널리 알려진 포이어바흐는 그의 스승이었던 헤겔 철학의 관념론에 대항하여, 인간의 본질이 헤겔이 주장했던 것처럼 '정신'이나 '자기의식'이 아니라 '감각'이라고 주장한다. 인간은 감각을 통해 자신의 외부에 존재하는 자연세계와 교섭하며, 그 자신 또한 감각을 지닌 존재라는 점에서 다른 존재에 대한 또 하나의 자연 존재가 된다는 것이다. 포이어바흐의 이와 같은 관점은 인간의 본질을 자기의식에서 찾고, 인간이 동물적 존재로부터 인간적 존재로 고양·발전되어 가는 과정을 정신의 자기발전 과정으로 이해한 헤겔의 관념철학을 겨냥한 것으로서, 포이어바흐는 이 인간의 자기발전 과정이 정신의 발전 과정이 아니라 오히려 인간 감각의 발전 과정, 즉 인간 감각의 구체화, 풍부화, 세련화 과정이라고 주장한다. 인간의 정신과 사유 능력은 인간의 감각 위에서 감각과 분리되어 존재하는 것이 아니라, 오히려 가장 고차적인 형태로 존재하는 감각의 존재 방식이라는 것이 포이어바흐의 생각이다. 포이어바흐는 인간에 대한 이와 같은 이해를 전제로 인간은 유적 존재라는 규정을 이끌어 내는데, 이때 유적 존재란 감각하는 존재로서의 나와 또 다른 감각하는 존재로서의 너 사이에 성립하는 보편적 유대를 의미한다. 인간이 감각을 가지고 살아가는 한, 그는 결코 고립된 개별적 존재로서만 있을 수 없으며, 반드시 다른 존재와의 관계를 필요로 할 수밖에 없는데, 감각을 매개로 한 나와 너의 통일로서의 우리가 곧 포이어바흐에게 유적 존재로서의 인간의 본질을 이루는 것이다.

서 밝힌 것처럼, 이 용어를 사상적으로 자리매김한 철학자는 인간학적 유물론 또는 감성적 유물론의 창시자라 불리는 포이어바흐였다. 헤겔의 제자이자 헤겔 사후 헤겔 사상을 진보적 입장으로 승계하려 했던 청년헤겔학파 또는 헤겔 좌파를 대표하는 포이어바흐는 당시 독일의 정치사회적 현실에 대한 비판의 일환으로 종교, 특히 기독교에 대한 비판을 수행한 인물로 널리 알려져 있다. 1841년 독일에서 출판된 포이어바흐의 『기독교의 본질』은, 인간의 본질을 자기의식으로 이해한 헤겔의 관념철학을 전도시켜, 인간에 대한 유물론적 이해의 토대를 마련했으며, 청년헤겔학파 및 당대의 사상가들 모두가 주목한 저작이었다.

포이어바흐가 보기에 기독교에서 말하는 신이란 인간을 초월하여 존재하면서 인간을 창조한 이 세계의 주인이 아니다. 포이어바흐는 오히려 신이란 인간의 의지와 사유를 총괄한 인간 전체라고 주장한다. 절대자로서, 무한자로서의 신이란, 개인으로는 한정되어 있으나 인간 전체로는 무한하고 절대적인 능력을 달리 부르는 말에 불과하다. 개인으로서는 유한하지만, 인간 전체로서는 무한한 존재인 이 인간을 포이어바흐는 '유적 존재'라는 개념으로 제시한다. 신은 인간이 가진 무한한 능력이 형상화된 것으로서, 신의 다른 이름은 인류 전체라고 보아야 한다는 것이다.

더 나아가 포이어바흐는 인간을 감각적 존재이자 자연적 존재로 규정한다. 자기의식으로서의 인간 또는 자유로운 정신적 존재로서의 인간이란 이 감각적 존재이자 자연적 존재로서의 인간의 후차적인 파생물에 불과하거나, 더 정확히 말하자면, 자기의식이나 정신 또한 인간의 감각이 고차화되고 발달한 형식에 지나지 않는다는 입장을 표방한다. 오성은 감각이요, 정신이란 감성일 뿐이라는 그의 테제는 인간을 물질로, 여타의 물질과 별반 다를 바가 없는 수동적인 물질로 규정했던 17~18세기의 기계적 유물론을 넘어서는 것이었다.

특히 포이어바흐는 인간을 인간과 자연, 개별자와 보편자, 나와 타자라는 이항적 관계를 통해 정의함으로써, 인간을 원자적이고 고립적인 추상적 존재로 이해하는 것에 반대한다. 그에 의하면 인간이란 자신의 감각을 통해 외적 자연과 지속적으로 교류하고 교감하면서 자신의 감각을 세련화시키는 존재라는 점에서 동물과 다르며, 또한 오직 사회 속에서만, 다시 말해 타자와의 관계 속에서만 자신의 감각 혹은 감성을 발달시키는 존재라는 점에서 필연적으로 관계적 존재로 이해되어야 한다. 포이어바흐에 의하면, 인간의 본질은 사회 속에만 이해될 수 있으며, 그렇기 때문에 나와 너의 구분을 전제로 한 인간과 인간의 통일 속에 포함되어 있다. 유적 존재는 인간에게 고독이 유한이고 제한이며, 사회야말로 무한과 자유라고 간주한 포이어바흐의 입장을 드러내는 핵심적 개념이다.

마르크스는 포이어바흐를 통해 표명된 인간에 대한 이해를 승계한다. 포이어바흐와 마찬가지로 마르크스 또한 인간을 자연과의 교호작용 속에서, 또는 사회적 환경과의 관계 속에서 나와 타자의 관계를 통해 규정하려고 한다. 유적 존재란 인간 한 사람, 한 사람이 개별자로서, 개인으로서 생활하면서도 항상 자기 자신을 인간이라는 유, 즉 보편적 범주와의 관련 속에 이해한다는 것을 의미한다. 인간이 자기 자신을 유적 존재로 의식하지 않는다면, 인간을 인간으로서 동물과 구별해 줄 수 있는 여타의 특징을 설정하는 것이 불가능하다. 포이어바흐나 마르크스의 이와 같은 인간관은, 17~18세기 서양 사회에서 형성된 원자론적 개인주의 및 그에 기반한 사회계약론에 반대하고 인간을 나와 타자 사이의 관계적 존재로서 규정하며 이로부터 인간의 제반 영역을 서술하려 한 헤겔의 철학적 관심의 연장선상에 놓여 있다.

이렇게 철학사적 배경을 가진 유적 존재라는 개념이 마르크스의 인간관으로 계승될 때 특기할 만한 사실은, 마르크스가 이 관계의 핵심을 자유를 향한 충동으로서 정신(헤겔)이나, 외적 자연에 대한 감각적 교류와 직관(포이어바흐)에서 찾지 않고, 인간의 물질적 실천, 즉 노동에서 찾고 있다는 점이다. 인간은 자기를 자기 자신으로서 의식하는 자기의식이거나 사유, 영혼, 정신이기에 앞서 감각하는 몸을 가진 좀 특별한 물질적 존재라는 점에서, 또한 인간의 감각과 접촉하는 외적 자연이 주어진 것, 탈역사적인 것이 아니라, 인간의 물질적 실천을 통해 역사적으로 구축된 환경이라는 점에서 그러하다. 인간을 유적 존재로서 만드는 것 혹은 유적 존재로서 인간을 부단히 성장시키는 동력은 인간이 외적 자연과의 관계 속에서 수행하는 그의 물질적 실천, 즉 노동이며, 오직 이와 같은 실천을 통해서만 인간은 개별자이면서 보편자로, 나이면서 타자로 공존하는 것이 가능하다는 것이다. 그 때문에 유적 존재로서의 인간에 대한 이해는 그가 수행하는 물질적 실천으로서의 노동에 대한 이해와 직결되는 것이며, 이 노동이 인간에 대해 갖는 그 긍정적 함의를 이해할 때에야 비로소 정확하게 이해될 수 있다.

3) 노동의 소외 또는 외화

『경제학-철학 초고』를 대표하는 핵심 개념이 노동의 소외라는 점에는 이견이 있을 수 없다. 마르크스는 인간의 본질을 그의 실천적 활동, 다시 말해 인간과 자연의 물질적인 상호작용, 즉 지속적인 소재교환Stoffwechsel 활동을 뜻하는 노동 개념을 통해 정의한다. 마르크스는 물질적 실천으로서의 노동을 대단히 긍정적으로 평가한다. 마르크스의 이러한 이해는 근대 자본주의 초기에 노동을 사적 소유의 정당 근거로 이해했던 로크의 관점이나, 노동을 인간의 자유 의식의 성장 동력으로 자리 지정하려 했던 헤겔의 이해와도 차별화된 것이다.

인간을 인간으로 만드는 것, 인간을 인간이 되게 하는 것은 마르크스에게 있어서 노동이다. 왜냐하면 노동은 자연과의 관계 속에서 인간이 그의 생존을 위해 필요한 생활수단과 생산의 수단들을 창출해 내는 동력일 뿐만 아니라, 이러한 외적 자연과의 지속적인 소재교환을 통해 인간은 그가 가진 제 감각과 능력들을 도야시키고 풍부하게 할 수 있기 때문이다. 요컨대 마르크스에 의하면 "노동은 우선 무엇보다도 인간과 자연 사이의 한 과정, 다시 말하면 인간이 자기 자신의 행위를 통해 인간과 자연 사이의 소재교환을 매개하고 규제하며 통제하는 한 과정이다. 인간은 하나의 자연력으로서 자연소재와 대립한다. 그는 자연소재를 자신의 생활에 유용한 형태로 만들기 위하여 자신의 타고난 신체의 힘인 팔, 다리, 머리, 손 등을 움직인다. 그는 이런 움직임을 통해서 자기 외부의 자연에 작용을 가하고 그것을 변화시키며 또한 이를 통해 자신의 본성까지도 변화시킨다."[8] 이 때문에 인간이 수행하는 노동은 동물이 수행하는 일과 본질적으로 차별화되며, 노동을 통해 산출된 작품이 아무리 보잘것없고 초라한 것일지라도, 그것이 인간의 합목적적이고 의식적인 활동을 통해 제작된 것인 한, 그 과정의 반복 속에서 자연력으로서의 인간의 지속적인 발전과 변화가 노정되어 있는 한, 동물의 노동과 비교될 수 없다. 인간이 수행하는 노동은

---

8 마르크스 저, 『자본』 I-1, 강신준 옮김, 길, 2008, 265~266쪽.

인간과 자연의 지속적인 소재교환을 매개하며, 또 다른 자연에 해당하는 나와 타자 사이의 지속적인 소재교환 또한 매개한다. 적어도 인간의 물질적 실천으로서의 이 노동이 반드시 외적인 타자와의 관계를 통해야만 수행된다는 점에서, 인간을 유적 존재로서 규정하는 가장 중요한 핵심은 마르크스의 경우 노동이다.

『경제학-철학 초고』에서 마르크스는 노동에 대한 이와 같은 정제된 입장을 서술하지는 않지만, 적어도 노동이 인간의 모든 물적 부의 원천이라는 점에서 그 가치를 적극적으로 수용하고 있으며, 동시에 이 노동과 유적 존재로서의 인간이 갖는 관계를 적극적으로 탐색하고 있다. 『경제학-철학 초고』의 문제의식은, 인간의 물질적 실천으로서의 노동이 특정한 역사적 생산관계 아래에서 기형적으로 왜곡되고 불구화되어 병적인 것으로 추락한다는 점이다. 『경제학-철학 초고』의 내용 전체를 대표하는 핵심적 사상이라고도 할 만한 소외된 노동은 유적 존재로서의 인간관의 핵심임과 동시에 그 노동을 지양할 대안으로서 인간주의적 공산주의와 무관하지 않다.

노동의 소외 또는 소외된 노동에 대한 서술은 뒷장에서 더 구체적으로 다룰 것이니, 여기에서는 간략하게 그 요점만을 짚고 넘어가도록 하겠다. 마르크스에 의하면 생산수단을 소수가 독점하는 자본주의 사회에서 인간은 노동을 통해 결코 행복할 수 없다. 인간은 노동을 하면서 삶을 긍정하기보다 끊임없이 삶을 부정한다. 사적 소유가 지배하는 사회에서 노동하는 인간은 노동 속에서 인간으로서 자기 자신을 긍정하고 확증하지 못한다. 그는 노동하면 할수록 인간다운 삶으로부터 멀어져 동물적 존재로 전락한다. 그 결과 먹고 마시고 소비하는 것 이외에 그 어디에서도 인간다운 삶의 기쁨을 누리지 못한다. 노동을 통해 나와 타자 사이의 진정한 유대를 다지며, 공감하고 교류하기보다는 노동을 하면 할수록 나 이외에 모든 타자와 적대적인 관계로 맞서게 된다.

『경제학-철학 초고』의 소외론의 핵심은 인간의 생존과 기본적인 욕구를 충족시켜 주면서 인간의 제반 능력을 발휘하고 발전시키도록 독려하는 활동으로서의 노동이 생산수단의 사적 소유 아래 지배당할 때, 어떻게 인간이 그 참다운 모습으로부터 멀어지게 되는가를 구체적으로 보여 주는 것이다. 삶의 터전인 자연으로부터, 인간의 유일한 생산수단이 소수에 의해 전유되면, 대부분의 사회 구성원들은 자신의 생존을 위해 매일, 매주, 매달, 그리고 매년 동안, 어쩌면 평생 동안 자신의 노동력을 팔면서 그의 생계를 보장받지 않으면 안 된다. 인간의 긍정적 자기확증으로서의 노동 및 그를 통해 생산된 노동의 산물이 소수의 수중에 집중되고 독식됨으로써 인간이 자신의 활동을 부정하고 이에 적대적이고 낯설게 마주하게 되는 이 현상을 마르크스는 노동의 소외 또는 소외된 노동이라는 명칭으로 정식화한다. 그리고 마르크스는『경제학-철학 초고』에서 노동의 소외 또는 소외된 노동의 폐기가 오직 인간의 얼굴을 한 공산주의 또는 인간과 자연의 동등성에 기반한 자연주의로서의 공산주의에서만 가능하다고 서술한다. 『경제학-철학 초고』를 대표하는 또 하나의 핵심 개념이 바로 "성취된, 인간의 자연주의" 그리고 "성취된, 자연의 인간주의"라는 개념이며, 이 개념 안에 인간주의와 자연주의, 그리고 공산주의의 동일화가 놓여 있다.

4) 인간주의, 자연주의, 공산주의

마르크스는 공산주의를 주제로 한 별도의 논문이나 책을 쓰지 않았다. 공산주의 사회에 대해 마르크스는 그의 책 여러 곳에서 산발적으로 언급하기는 하지만, 이 또한 공산주의 자체를 독자적으로 주제화하기보다는 생산수단의 사적 소유가 지배하는 자본주의 사회와 대조하여 때로는 대단히 시적으로, 때로는 대단히 선언적으로 간략하게 언급하는 수준에 머물러 있을 뿐이다.

예컨대 그는 『경제학-철학 초고』보다 2년 늦게 집필한 『독일 이데올로기』에서 자본주의적 분업이 초래한 인간 능력의 배타적인 파편화에 대한 비판의 준거점으로 공산주의를 "아무도 배타적인 영역을 갖지 않고 각자가 그가 원하는 어떤 분야에서나 스스로를 도야시킬 수 있는 사회"라고 서술한다. 우리에게 널리 알려져 있는 이 구절에서 마르크스는 공산주의 사회가 한 사람을 사냥꾼, 어부, 양치기, 혹은 비판가라는 직업군으로 고립시키지 않고서도, 각자가 마음먹은 대로 오늘은 이것을, 내일은 저것을, 곧 아침에는 사냥을, 오후에는 낚시를, 저녁에는 목축을, 밤에는 비판을 할 수 있게 된다고 적고 있다. 자본주의 생산시스템 속에서 파편화되고 고립화된 인간 능력이 공산주의 사회 속에서 총체화되고, 각자는 자신의 개성을 자유롭게 실현할 길을 열 수 있다는 것이다. 이 능력의 전면적 발현은

각 개인이 특정한 사회 속에서 다른 개인과 맺고 있는 사회적 관계를 전제로 하며, '각자의 자유로운 발전이 모두의 자유로운 발전의 조건이 되는 자유로운 개인들의 연합체' 즉 '공산주의'로 구체화된다.

다른 한편으로 마르크스는 후기의 정치경제학적 저작에서 자본주의 이후에 도래할 공산주의 사회를 생산력이 발달하여 물질적 필요와 궁핍으로부터 벗어난 사회로 서술한다. 『정치경제학 비판 요강』에서 마르크스는 개인이 가진 다양한 능력들의 총체적이고 전면적인 발휘가 교환가치를 전제로 하는 자본주의적 생산관계를 전제로 한다는 점을 적시한다. 이 생산관계가 각 개인이 타인과 맺는 소외를 보편화하기는 하지만, 그와 동시에 생산력의 발달과 맞물려 있는 사회의 발전이 각 개인들에게 더 많은 시간적 여유를 가져다 주기도 한다는 것이다. "개별적인 개인의 경우와 마찬가지로, 사회의 발전, 향유, 활동의 전 측면성은 시간 절약에 좌우된다. 시간의 경제, 모든 경제는 결국 이것으로 귀착된다"[9]라는 마르크스의 서술을 통해 우리

---

9   마르크스 저, 『정치경제학 비판 요강』 I, 김호균 옮김, 그린비, 2007, 155쪽.

는 공산주의 사회가 그 구성원들에게 필요와 궁핍의 노동으로부터 벗어난 시간적 여유를 창출하는 사회라는 점을 짐작할 수 있다. 공산주의는 물질적인 궁핍과 외적인 합목적성 때문에 강압적으로 수행되는 노동이 중지된 사회로서의 '자유의 왕국'으로 규정되는가 하면, '각자는 능력에 따라, 각자는 필요에 따라'라는 선언적인 문구로 집약되기도 한다.

요컨대 마르크스에게 공산주의는 자본주의적 생산관계가 초래하는 인간 능력의 파편화 또는 분절화를 인간 능력의 총체적 발현으로 전환시키는 사회로서, 한 사람의 인간이 더 이상 교환가치를 담지한 수단으로 평가되지 않음으로써 개인과 개인의 참다운 관계가 회복되는 사회다. 또한 마르크스에게 공산주의는 자본주의적 생산관계가 이뤄낸 물질적 풍요를 소수의 독점으로부터 해방시켜 사회 구성원 모두의 필요에 따른 분배를 보장하고, 이로부터 인간에게 인간다운 삶의 품위와 존엄을 보장하는 사회로 간주된다. 마르크스가 여러 텍스트를 통해 단편적으로 제시한 공산주의에 대한 구상의 근저에서 우리는 자본주의적 생산관계가 초래하는 인간의 소외뿐만 아니라, 인간 대다수가 처해 있는 물질적 궁핍, 인간적 삶의 존엄과 품위의 상실에 대한 마르크스의 문제의식을 간파할 수 있다.

『경제학-철학 초고』는 때로는 유토피아적으로, 또 때로는 부정적인 의미로 통용되었던 공산주의라는 개념을 자본주의적 생산관계가 초래한 부정적 양상과 관련지어 재정립하고, 특히 이로부터 인간과 자연의 관계에 대한 유물론적 관점에 근거하여 공산주의를 휴머니즘과 동일하게 제시하고 있다는 점에서 특기할 만하다. 그렇다면 어떤 논리적 근거에서 마르크스는 인간주의와 자연주의를 동일하게 간주하는 것일까? 그리고 양자의 동일화를 전제로 하는『경제학-철학 초고』의 공산주의란 구체적으로 어떤 사회를 지향하고 있는 것일까?

인간에 대한 여러 철학적 견해들 가운데, 마르크스 사상의 기반이 되는 유물론적 관점은 기본적으로 인간을 자연의 일부 또는 일원으로 간주한다. 관념 철학적 전통 내에서 인간을 인간이게 하는 본질은 단연 이성, 정신, 사유였으나, 유물론적 관점에서 인간은 이성이나 정신, 사유이기 이전에 보다 일차적으로 감각하는 몸을 가지고 살아가는 자연적 존재라는 것이다. 감각적인 몸을 가지고 살아가는 자연 존재로서 인간은 다른 동물들과 마찬가지로 자신의 삶을 유지하기 위해 당연히 그의 외부에 있는 자연 대상에 의존할 수밖에 없다. 자연은 육체적 존재로서 그의 욕구를 충족시켜야 할 인간에게 인간이 생활할 물적 수단들을 제공함으로써 인간 삶의 터전을 이룬다. 그러나 마르크스의 유물론적 견해에서 자연이란 단순히 인간에게 욕구 충족의 대상이자 삶을 연명하는 터전이라는 협소한 의미만을 갖는 것은 아니다. 자연 존재로서 인간이 자신의 욕구를 충족하기 위해서는 당연히 그의 외부에 존재하는 자연 대상들을 변형하고 가공해야 하며, 또한 바로 이와 같은 의미에서 자연이 인간 욕구 충족의 대상이자 인간 삶의 지속을 위한 가장 기본적인 터전인 것은 사실이지만, 이와 동시에 자신의 욕구를 충족하기 위한 활동을 지속하는 과정에서 자연 존재인 인간 또한 변형되고 변화되기 때문이다.

인간과 자연의 관계에서 자연의 변화 또는 변형이란 이런 점에서 이중적인 의미를 갖는다. 첫째, 인간과 마주 선 자연 대상에 인간의 실천 또는 활동이 개입됨으로써 초래되는 변화 또는 변형이고, 둘째, 자연의 일원인 인간 존재가 자연 대상과의 관계 속에서 지속적으로 활동하고 실천함으로써 인간 자신에게 초래되는 변화 또는 변형이다. 그리고 이 두 가지 측면을 우리는 '자연의 인간화'라는 개념으로 집약할 수도 있을 것이다. 첫 번째 측면에서 자연의 인간화는 자연 대상 자체의 변화 또는 변형을 의미하는 것으로, 두 번째 측면에서 자연의 인간화는 감각과 욕구와 같은 자연 존재의 측면을 지닌 인간 자신의 변화 또는 변형을 의미하는 것으로 이해된다. 인간주의와 자연주의의 동일화, 다시 말해 성취된 인간의 자연주의나 성취된 자연의 인간주의로서 서술된 『경제학–철학 초고』의 공산주의 개념은, 인간과 자연에 대한 초기 마르크스의 이와 같은 유물론적 견해를 전제로 한다.

마르크스에 따르면, 생산수단의 독점적 소유가 초래한 또 하나의 부정적 양상은, 이 생산관계가 인간과 자연의 상호작용을 단절시키고, 인간과 자연 각각을 단순한 상품으로 전락시킨다는 점이다. 사적 소유가 지배하는 사회에서 인간은 자연과의 지속적인 상호작용을 통해 자신을 변형하고 고양하는 관계로부터 탈각되어 오직 노동자로서, 다시 말해 노동력을 팔아야만 생존을 보장받을 수 있는 상품으로서만 간주된다. 마르크스가 「제1분책」에서 "노예 상태"로 명명하는 이 상태 속에서 인간은 단지 노동자로서만 자신의 실존을 유지하는, 단순한 육체적 존재로 간주될 뿐이다. 이와 관련하여 인간의 자기변형 혹은 변화를 견인하던 자연 또한 인간의 육체적 생존을 보장하는 한낱 도구적인 성격으로만 간주되거나, 자본과 결합하여 최대의 이윤을 뽑아낼 수 있는 수단에 불과한 것으로서 간주된다. 사적 소유가 지배하는 사회에서는 인간의 활동을 매개로 형성되었던 인간과 자연의 통일이 해체되고, 인간과 자연이 적대적이고 소원한 관계로 마주 서게 된다는 것이다. 사적 소유가 야기한 노동의 소외는 인간을 자연으로부터 소외시키고, 오직 인간 개개인의 육체적이고 물질적 생존만을 목적으로 삼는다는 점에서, 궁극적으로는 인간을 동물적인 상태로 전락시킨다.

이러한 맥락에서 『경제학-철학 초고』는 자본주의적 사적 소유의 지양을 전제로 삼는 공산주의를 인간과 자연의 통일이 회복되는 사회로 규정한다. 성취된 인간적 자연주의 또는 성취된 자연적 인간주의란 인간과 자연이 상호 적대적이며 소원한 관계로 대립하는 상태를 넘어서는 것으로, 오직 이를 통해서만 인간 삶의 총체성이 회복될 수 있다고 주장한다. 따라서 『경제학-철학 초고』에서 마르크스가 전개한 공산주의 개념 안에는 인간을 자연 존재로 간주하는 유물론적 관점과 자연을 인간 욕구 충족을 위한 단순한 도구로 환원하는 근대적 자연관을 넘어, 인간과 자연의 공존을 모색하는 탈근대적 자연관이 함축되어 있다고 볼 수 있을 것이다.

제2장
『경제학-철학 초고』 따라 읽기

1. 「서문」

마르크스-엥겔스 전집에 실린 『경제학-철학 초고』는 두 개의 재현부로 구성되어 있다. 제1재현부는 마르크스가 남긴 초고 전체를 원본 그대로 수록한 것이고, 제2재현부는 MEGA 편집진이 논리적 순서에 따라 재구성한 것이다. 이 때문에 『경제학-철학 초고』는 두 개의 재현부에 다르게 배치되어 있는데, 이를 가장 잘 입증하는 것이 바로 『경제학-철학 초고』의 「서문」이다. 『경제학-철학 초고』의 서문은 마르크스의 집필 순서에 따른 제1재현부에서는 「제3분책」에 놓여 있으나, 내용상 논리적 전개 순서에 따르고 있는 제2재현부에서는 「제1분책」 앞에 배치되어 있다. 당연한 말이겠지만, 이는 마르크스가 원고를 작성하면서 「서문」에서부터 시작했던 것이 아니라, 국민경제학에 대한 발췌 글을 담고 있는 「제1분책」부터 써 내려가다가 「제3분책」 후반부에 이르러서야 「서문」을 작성했다는 점을 보여 주고 있다.

『경제학-철학 초고』를 작성하기 전인 1843년 3월부터 늦어도 9월 말경까지 마르크스는 『헤겔 법철학 비판을 위하여』 및 이 텍스트를 위한 '서문'으로서 「헤겔 법철학 비판을 위하여. 서문」을 1843년 10월부터 12월까지 집필하였다. 후자의 글은 마르크스가 청년헤겔학파의 구성원 아르놀트 루게Arnold Ruge와 공동으로 발행한 「독일 프랑스 연보」에 게재되었으며, 여기에서 마르크스는 『헤겔 법철학 비판에 대하여』를 별도의 독립된 소책자로 출판하겠다고 공표하였다. 그러나 마르크스의 이 계획은 실현되지 못했다.

『경제학-철학 초고』의 「서문」은 마르크스가 이 텍스트를 집필하기 전에 수행했던 일련의 연구들, 즉 관념론적 사변철학으로서 헤겔 철학에 대한 비판 및 이 사변철학의 관점 속에 파악된 법과 정치, 국가 등등에 대한 비판 사이의 관계에 대한 마르크스 자신의 입장을 밝히는 것으로부터 시작한다. 「서문」에서 마르크스는 헤겔의 사변철학에 대한 비판과 법, 정치, 국가 등과 같은 경험적이고 실증적인 소재들에 대한 비판이 서로 분리되어 다뤄져야 한다고 주장하는데, 그 이유는 사변철학에 대한 비판과 경험적인 소재들에 대한 비판을 한데 뒤섞을 경우 나타날 수 있는 논지의 혼란스러움을 방지하기 위해서라고 언급한다.

요컨대 마르크스가 생각하기에 중요한 것은, 법이나 도덕, 정치, 종교 및 이와 관련한 시민생활에 대한 논의를 독자적으로 전개하는 것과 이에 대한 사변적이고 관념적인 이해를 논의하는 것은 서로 층위를 달리해야만 한다는 것이다. 따라서 논의의 순서 또한 법, 도덕, 정치, 종교 및 시민생활 등등에 대한 논의를 토대로 이 각각이 맺고 있는 연관, 그리고 이에 대한 사변적 고찰 방식에 대한 비판을 문제 삼는 것이 타당하다는 것이다. 이러한 이유에서 마르크스는 『경제학-철학 초고』에서 주된 비판의 대상 가운데 하나로 설정된 국민경제학적 이론이 국가, 법, 도덕, 시민생활 등등에 대해 맺고 있는 연관을 논의할 때에도, 이에 대한 사변적 관점에 대한 비판을 뒤섞지 않고, 오직 국민경제학이 언급하고 있는 정도 및 범위에 그 논의를 한정하겠다고 밝히고 있다. 『경제학-철학 초고』의 집필 순서상 시간적으로 나중에 작성된 것이기는 하지만, 「서문」에서 마르크스는 이 텍스트의 주 논의 대상이 국민경제학의 이론에 있다는 것을 분명하게 밝히고 있는 셈이다.

짧은 분량으로 이루어진 「서문」은 마르크스가 『경제학-철학 초고』이전에 집필한 저작들과의 관련성을 밝히는 한 단락을 제외한다면, 『경제학-철학 초고』에서 다루고 있는 주된 비판의 대상, 그리고 이 비판을 가능케 하는 철학적 배경에 대한 서술이 지면을 채우고 있다. 「서문」에 적힌 마르크스의 서술만을 놓고 보자면 『경제학-철학 초고』는 대략 세 가지 비판의 대상을 설정하고 있다. 첫째, 부르주아 경제학 또는 국민경제학이라 일컬어지는 마르크스 당대 경제학 이론들에 대한 실증적이면서 경험적인 비판, 둘째, 헤겔의 변증법 및 철학 일반에 대한 비판, 셋째, 헤겔 사후 독일에서 1830년대 초반부터 40년대 후반까지 활동했던 청년헤겔학파에 대한 비판이 그것이다. 이 세 번째는 특히 헤겔 철학을 통해 당대 봉건적 낙후성을 벗어나지 못했던 독일의 현 상황에 대한 비판을 종교비판으로 대체하여 헤겔 철학의 관념성과 사변성을 극복하지 못했던 브루노 바우어Bruno Bauer를 비롯한 일련의 청년헤겔학파와 관련된다. 이러한 맥락에서 마르크스는 이들 청년헤겔학파가 헤겔의 변증법과 철학 일반에 대한 본격적인 비판을 제대로 시행한 적이 한 번도 없었다는 것, 그리하여 기껏해야 신학적 비판에 머무르면서 헤겔 철학을 희화하는 데 그치고 말았다고 혹평한다. 『경제학-철학 초고』보다 먼저 집필된 「헤겔 법철학 비판을 위하여. 서문」의 "독일에서 종교에 대한 비판은 사실상 끝났다"라든가, "천상에 대한 비판은 지상에 대한 비판으로, 종교에 대한 비판은 법률에 대한 비판으로, 신학에 대한 비판은 정치에 대한 비판으로 전환되어야 한다"라는 마르크스의 문장들은 바로 이와 같은 청년헤겔학파의 신학적 관념성을 겨냥한 것이다.

마르크스가 언급하고 있듯, 이 세 가지 비판의 기저에는 헤겔과 더불어 마르크스의 초기 사상에 지대한 영향력을 행사하였던 포이어바흐의 유물론적 통찰이 놓여 있다. "국민경제학에 대한 비판 및 실증적 비판 일반, 그리고 그 비판의 참다운 정초는 **포이어바흐**의 발견들 덕분이다. **실증적** 인간주의적 및 자연주의적 비판은 포이어바흐에게서야 비로소 시작한다"라는 「서문」의 구절에서 확인할 수 있듯이, 인간학적 유물론자로서 포이어바흐가 헤겔에 가한 비판은 인간에 대한 관념적이고 추상적이며 사변적인 이해 방식을 전면적으로 변혁하였으며, 이를 통해 인간을 그의 사회경제적 제반 환경과 연관하여 이해할 수 있는 통로를 마련해 주었다.

포이어바흐가 인간학적 유물론을 통해 전개한 헤겔 관념철학에 대한 비판은 『경제학–철학 초고』의 「제3분책」에 수록된 헤겔 변증법 비판을 위한 유효한 이론적 무기로 활용된다. 인간의 본질을 자기의식에서 찾고, 인간을 무엇보다도 정신적인 존재로 규정하는 헤겔 사변철학의 명제를 뒤집어, 포이어바흐는 인간이 의식이기 이전에 무엇보다도 감각이자 감각하는 존재로서 규정되어야 한다는 인간에 대한 유물론적 견해를 맞세움으로써 헤겔의 관념철학을 전도시키는 데 공헌한다. 마르크스는 포이어바흐에 의해 그 철학적 기초가 마련된 헤겔의 관념철학 비판을 수용하여, 이를 「제3분책」의 헤겔 변증법 비판에 활용하면서 포이어바흐의 철학에 대한 적극적 지지를 표명한다. 마르크스는 포이어바흐의 인간학적 유물론과 그에 기반한 기독교 비판이 헤겔을 정점으로 하는 독일의 사변적 관념철학을 전복시키는 데 혁명적인 기여를 한 것으로 평가함과 동시에, 인간에 대한 유물론적 이해의 지반을 마련한 것으로 간주하였다. 물론 마르크스의 이러한 평가는 포이아바흐의 유물론이 인간의 감성을 실천적이며 활동적인 것으로서, 즉 인간과 인간의 환경을 인간의 물질적 실천과 매개하여 파악하지 못했다는 한계를 지적하고 있는 1845년의 「포이어버흐에 관한 테제」에 이르기 전까지 지속된다.

따라서 「서문」에서 우리는 마르크스가 이 저작의 주요 비판 대상으로 '부르주아 경제학' 또는 '국민경제학'[10], '헤겔의 사변적 관념론', 그리고 '헤겔 좌파' 또는 '청년헤겔학파'를 염두에 두고 있었음을 알 수 있다. 물론 『경제학-철학 초고』에서 청년헤겔학파를 상세하게 비판하고 있는 것은 아니다. 아마도 이에 대

---

10 국민경제학이라고 일컬어지는 학문은 자본주의가 발원하기 시작한 17~18세기 영국과 프랑스 등등에서 형성된 경제학 이론을 통칭하는 개념이다. 그 원래적인 의미에서 국민경제학은 국가의 전체적인 부를 고찰하고 증진하는 방법을 이론적으로 고찰하는 학문 영역을 특징짓는 용어지만, 엥겔스도 지적하고 있듯, 국민경제학, 공공경제학이라는 표현들은 특정한 자본주의적 경제체제를 몰역사적인 것으로서, 자본주의적 사적 소유를 신성한 것, 불변적인 것, 영구적인 것으로서 승인하는 계급적 경제학을 총칭한다.

한 비판이 『경제학-철학 초고』 직전에 쓰여진 「헤겔 법철학 비판을 위하여. 서문」이나 『유대인 문제에 관하여』 또는 엥겔스와 공동 집필한 『신성가족』에서 여러 차례 논의되었기 때문일 것이다. 그보다는 오히려 국민경제학과 헤겔의 사변철학에 대한 비판, 그리고 이와 함께 마르크스 당대에 활동했던 다양한 부류의 사회주의 이론가들 및 그들이 제시한 '공산주의' 개념에 대한 비판이 『경제학-철학 초고』 전체의 내용을 이루고 있다. 국민경제학에 대한 비판은 『경제학-철학 초고』의 「제1분책」과 「제2분책」의 발췌를 통해서 집중적으로 이루어지며, 헤겔 변증법 및 헤겔 철학 일반에 대한 비판은 헤겔의 『정신현상학』의 마지막 장 「절대지」 장에 대한 마르크스의 독해를 통해 수행되고 있다. 그 외 「제3분책」에서는 「서문」에서 마르크스가 언급하고 있는 당대 사회주의자들의 논의에 대한 마르크스의 비판이 '공산주의'에 대한 마르크스적인 관점에서 이뤄지고 있다.

2. 「제1분책」: 국민경제학 비판과 그 필연적 귀결로서
   노동의 소외

「제1분책」은 크게 두 개의 부분으로 구성되어 있다. 첫 번째 부분은 애덤 스미스를 포함한 국민경제학자들의 저서에 대한 마르크스의 발췌문과 논평이며, 두 번째 부분은 앞선 발췌와 논평을 통해 마르크스가 진단한 국민경제학자들의 관점, 그리고 그 귀결로서 노동에 대한 소외를 논하는 부분이다. 특히 「제1분책」의 첫 번째 부분은 노동, 자본, 토지라는 자본주의적 생산의 세 가지 요소와 이 생산의 결과 임금, 이윤, 지대라는 자본주의적 소득 분배에 대한 국민경제학자들의 여러 주장과 견해들을 마르크스가 그대로 옮겨 온 내용이 상당 부분을 차지하고 있기 때문에, 꼼꼼하게 읽는다 하더라도 그 내용을 일목요연하게 체계화하여 정리하기가 쉽지 않다. 「제1분책」을 관통하는 이러한 사정 때문에, 『경제학–철학 초고』를 논해 왔던 기존의 연구자들은 「제1분책」의 앞부분에 대한 언급이나 설명을 아예 제외해 버리고, 노동의 소외가 전개되고 있는 후반부만을 집중적으로 조명하곤 했다.

그러나 「제1분책」의 발췌문과 이에 대한 마르크스의 논평을 건너뛴 채 곧바로 노동의 소외론으로 들어가는 것은, 소외된 노동에 대한 마르크스의 서술이 앞서 국민경제학자들의 텍스트 발췌로부터 등장한 필연적 귀결이라는 점을 간과하는 문제가 있다. 마르크스는 「제1분책」 전반부에서 애덤 스미스를 포함한 국민경제학적 저작들로부터 옮겨 온 발췌문을 통해, 국민경제학이 사적 소유가 지배하는 자본주의 경제체제와 관련하여 오직 현상만을 다루고 있을 뿐, 그러한 현상이 나타나는 근본적 원인에 대한 탐구를 수행하지 않음을 보이고자 한다. 더욱이 마르크스는 임금, 자본의 이윤, 그리고 지대에 관한 각각의 발췌 글 후반부에 슐츠나 페쾨르, 그리고 루동과 같은 당대 저술가들의 글을 인용함으로써, 이 인용문들을 자본주의 경제체제 아래 노동자들이 처한 비참한 상태에 대한 예증으로 활용하고 있다. 마르크스의 이러한 발췌문의 배치는, 「제1분책」의 후반부에서 자본주의 경제체제로부터 필연적으로 발생하는 노동 소외의 근본 원인을 제시하는 필연적인 기제로 활용되고 있다.

다른 한편, 마르크스는 「제1분책」의 발췌로 국민경제학자들의 입을 통해 자본주의 경제체제에 내재한 부조리함과 부정의 함을 직접 고발하도록 만들고 있다. 노동임금을 결정하는 요인과 관련하여 마르크스가 발췌한 스미스의 글이 그러하고, 또 자본의 운동을 추동시키는 유일한 동기는 오직 이윤에 놓여 있기에 이들의 이해관계가 사회 전체의 이해관계와 대립하거나 적대한다는 스미스의 견해 또한 국민경제학자들의 눈을 통해 자본주의 체제가 갖는 부조리함을 직접적으로 폭로하게 만드는 것들에 해당한다. 이 때문에 일련의 연구자들처럼 「제1분책」의 전반부를 단순한 발췌 모음 글로 간주하고, 「제1분책」의 핵심이 오직 마르크스의 소외 개념에만 놓여 있다고 조망하는 것은 자본주의 경제체제가 지닌 부정적 양상 및 그 한계를 당대 경제학적 연구를 통해 규명하고자 하는 마르크스의 의도를 간과할 공산이 크다.

이러한 이해를 전제로 우리는 먼저 자본주의 경제체제와 부르주아 정치경제학이 갖는 관계에 대한 간략한 역사적 조망을 출발점으로 「제1분책」 전체의 내용을 따라가 보도록 하자.

1) 자본주의 경제체제와 부르주아 정치경제학

『경제학-철학 초고』에는 '자본주의'라는 용어가 등장하지 않는다. 시장경제라는 용어와 등가로 사용되기도 하는 '자본주의'라는 용어는 마르크스의 후기 저작에서 당대의 경제적 현실 및 생산관계를 분석하기 위해 사용되고 있다. 『경제학-철학 초고』에서는 자본주의라는 용어 대신 '사적 소유의 사회' 또는 '부르주아 사회'(시민사회)라는 용어가 광범위하게 사용되고 있으며, 특히 후자보다는 전자가 더욱 빈번하게 등장한다. 표현을 달리하기는 하지만, 『경제학-철학 초고』에서 마르크스는 사적 소유의 사회를 곧 생산수단의 사적인 소유를 근간으로 하여, 생산수단의 소유자들의 몫으로 책정된 자본의 이윤과 토지로부터 발생하는 지대, 그리고 생산수단을 갖지 못한 노동자들에게 돌아가는 몫으로서 임금을 분석하고 있기 때문에 이를 자본주의 시장경제 체제와 동일한 것으로 이해해도 무방하다.

「제1분책」에 담긴 마르크스의 발췌문과 그의 논평들에는 자본주의의 특징과 그 역사적 전개 과정이 전제되어 있다. 「제1분책」에서 마르크스가 발췌하고 있는 마르크스 당대의 여러 국민경제학자 및 그들의 저술은 서구 사회에서 16~18세기에 그

체제의 골격을 갖춘 자본주의 경제체제를 논의 대상으로 삼는다.

우리가 속해 있는 자본주의 경제체제는 크게 네 가지의 특징을 갖는다. 첫째, 자본주의는 시장에서 판매하기 위한 목적으로 상품을 생산하는 사회다. 상품 생산을 본질적 특징으로 삼는 자본주의 경제체제는 이로 인해 다른 경제체제와 달리 시장에서의 교환이 일반화되어 있는 경제체제다. 둘째, 자본주의는 상품 생산을 위한 주된 생산수단이 소수의 수중에 독점되어 있는 사회로서, 생산수단의 사적 소유가 자본주의 경제체제를 규정하는 두 번째 본질적 특징이다. 토지, 건물, 자본, 기술력과 같은 주요한 생산수단들이 소수 자본가 계급의 손에 집중되어 있기 때문에 이를 갖지 못한 대다수의 사람들은 자신의 노동력을 시장에서 상품의 형태로 판매해야 하며, 이에 대한 대가로 지불받은 임금을 통해 생존해야만 한다. 따라서 자본주의 경제체제의 주요한 세 번째 특징은 인구 대다수가 시장에서 자신의 노동력을 판매해야만 존재할 수 있는 상태와 불가분적인 관계를 갖는다는 것이다. 마지막으로 자본주의 경제체제에서는 대다수의 사람들이 상품 판매자와 구매자로서, 즉 상품의 판매와 구매를 통해 관계 맺는다. 바로 이 때문에 자본주의 경제체제는 시장에서의 상품 판매라는 단 하나의 정언명법에 복종하는 사회다. 자본주의 사회의 구성원들은 시장에서 자신의 상품가치 또는 자신이 생산한 상품의 가치를 극대화하기 위한 행위법칙을 따른다. 사회 구성원 각자의 행동 방식의 기준이 되는 것은 이익을 극대화하라는 시장의 명령이다.[11]

자본주의 경제체제가 갖는 이 네 가지 특징을 좀 더 단순화할 수도 있을 것이다. 한편에는 생산수단을 독점한 소수의 자본가가 존재하고, 다른 한편에서는 자신의 노동력 이외에는 아무것도 가진 것이 없기에 생존을 위해서 자신을 상품으로 판매해야하는 절대 다수의 노동자가 존재한다. 전자가 생산수단의 사적인 통제를 통해 시장에서의 이윤을 극대화하기 위한 행동강령에 따라 그때그때 자신들의 행위를 조정한다면, 후자는 자신의 생존을 위해 필요한 상품을 구매하기 위하여 화폐 형태로 지불되는 임금에 절대적으로 의존해야 한다. 따라서 자본주의 경제

---

[11] 자본주의 경제체제가 갖는 이 네 가지 특징에 대한 보다 상세한 설명은 다음을 참조하라. E.K. 헌트, 마크 라우첸하이저 저, 『E.K.헌트의 경제사상사』, 홍기빈 옮김, 시대의 창, 2015, 50~57쪽.

체제는 자본가 계급과 노동자 계급, 그리고 이들 각각에 상응하는 이윤과 임금이라는 양대 요소로 단순화될 수 있다.

시장을 중심으로 한 교환경제의 일반화를 본질적인 특징으로 삼는 자본주의는 서구 사회에서 어느날 갑자기 등장한 경제체제가 아니다. 자본주의는 그에 앞선 중세 봉건적 경제체제의 오랜 해체 과정을 통해 탄생한 역사적 산물이다. 대부분의 경제사가들은 이 해체의 출발점이 농업경제를 기반으로 삼던 중세의 기본적인 경제 단위인 장원을 중심으로 하여 대략 11세기경부터 12세기경에 출현한 것으로 설명한다. 농업에서 생산 방식의 비약적인 발전은 한 사회 구성원들의 수요를 감당하기에 충분하고도 남을 잉여 생산물의 수확을 가져왔고, 농업에서 주요 동력원의 변화를 초래하면서 운송 수단의 혁신으로 이어지게 된다. 이로써 인구 또한 급속한 속도로 증가하게 되었다는 것이다. 농업 생산성의 향상, 인구의 증가, 운송 수단의 혁신이라는 세 가지 요소는 기존 촌락과 도시의 교환을 촉진하면서 농촌-도시 간의 역할 분화를 초래하였고, 도시 내에서 제조업을 성장시켰으며, 서로 다른 지역을 왕래하면서 상품 판매를 통해 차익을 남기던 상인 자본의 성장으로까지 비약적으로 발전하게 된다. 물론 이 과정이 일거에 획득된 것은 아니었으며, 중세 봉건체제를 지탱하던 장원경제 시스템이 전면적으로 해체되고, 농업을 포함한 생산 과정 전체가 근본적으로 재구조화되기까지는 오랜 시간을 필요로 했다.

자본주의는 16세기경 유럽에서 발생한 선대제 수공업과 공장제 수공업을 거쳐 18세기에서 19세기경 기계제 대공업의 형태로 그 규모가 확장되면서 오늘날과 같은 모습을 갖추게 되었다. 선대제 수공업은 중세 말부터 근세 초 유럽에서 경제적 역할을 확대해 가고 있던 상인 자본가들이, 장인이나 농가에 완성된 물품을 만들기 위해 원재료를 공급한 후, 그에 대한 일정한 대금을 치르고 완제품을 납품받아 이를 시장에 내다 파는 형태로 이루어졌다. 이때까지만 하더라도 물품을 생산하기 위한 생산수단은 개별 작업장에서 활동하는 장인이나 농부의 소유였기 때문에, 상인이 생산과정 전체를 통제할 수는 없었다. 공장제 수공업은 선대제 수공업에서 독립적으로 분산되어 있던 생산수단 전체를 한곳으로 집결시키고, 생산과정 전체에 대하여 상인 자본가가 독점적인 권한을 행사했다는 점에서 선대제 수공업과 차별화된다. 생산수단이 한 작업장으로 집결되었다는 것은, 이 생산수단을 소유한 자와 그렇지 않은 자 사이의 분리가 확정되었다는 뜻이다. 공장제 수공업이 규모를 확장하고 일반화되어 가면서 임금을 주고 노동자를 고용하는 자와 생계를 위해 노동력을 파는 자 사이의 구별도 뚜렷해졌으며, 16세기 무렵부터 경제적 주도권을 가지고 활동하던 상인 자본가들의 권한이 생산수단, 생산과정, 고용 및 임금 지불 등 생산 전반을 관장하는 막강한 권력으로 고착되기에 이르렀다. 시장을 중심으로 한 교환경제의 전면화로서의 자본주의는 16세기부터 18세기에 이르는 비교적 짧은 기간 동안 모습을 변모하고 외연을 확장해 가면서 형성된 역사적 생명체인 셈이다.

물론 시장과 화폐 이윤의 추구 및 이것의 전면화, 그리고 그 과정에서 막대한 영향력을 행사했던 상인-자본가의 커져 가는 힘만으로 중세 봉건적 경제체제가 무너진 것은 아니다. 자급자족적인 중세 봉건경제의 붕괴와 그 결과로 등장한 자본주의 경제체제 사이에는, 오랫동안 토지에 묶여서 생활했던 장원의 농노들에게서 토지를 빼앗고 이들을 도시로 내몬 두 차례의 인클로저 운동이 있었다. 또 18·19세기 당시 도시를 중심으로 비약적인 성장에 박차를 가하고 있었던, 자본주의적으로 운영되는 공장의 노동력 충당도 간과할 수 없다. 마르크스가 『자본』에서 적고 있듯, 삶의 터전에서 내몰린 사람들을 대도시의 노동자로 길들이기 위한 각종 폭력적인 법과 제도가 마련되었고, 또 강제되었다. 마르크스는 『자본』에서 이 과정, 다시 말해 자본주의 경제체제의 출현과 확립의 과정을 자본의 본원적 축적이라고 부르면서, 다음과 같이 서술한다.

"한쪽에서 노동조건이 자본으로 나타나고 다른 쪽에서 자신의 노동력외에는 팔 것이 없는 사람이 나타나는 것만으로는 아직 충분하지 못하다. 이런 사람들이 자발적으로 자신을 팔지 않으면 안 되는 것만으로도 역시 아직 충분하지 못하다. 자본주의적 생산이 진전됨에 따라 교육이나 전통 또는 관습에 의해서 이 생산양식의 요구를 자명한 자연법칙으로 인정하는 노동자 계급이 발전해 나간다. 일단 완성된 자본주의적 생산 과정의 조직은 모든 저항을 분쇄하고, 상대적 과잉인구의 끊임없는 창출을 통해서 노동의 수요-공급의 법칙을 유지하며, 그 결과 임금수준을 자본의 증식 요구에 알맞은 범위 내에서 유지하는 것은 물론 온갖 경제적 관계에 의한 보이지 않는 강제를 통해서 노동자에 대한 자본가의 지배를 확실하게 만들어 준다. 경제 외적인 직접적 강제도 여전히 사용되기는 하지만, 그러나 이는 단지 예외적인 경우에만 사용된다. 사태가 정상적으로 진행될 때 노동자는 '생산의 자연법칙'에 맡겨 놓기만 하면 된다. 즉 생산조건 그 자체에서 발생하고 또 그것에 의해 보장되며 영구화되고 있는 자본에 대한 노동자의 종속에 그대로 맡겨 두면 된다. 자본주의적 생산의 역사적 맹아기에는 그렇지 않다. 이제 막 성장하고 있는 부르주아지는 임금을 통제하고(즉 이윤의 증식을 보장하는 범위 내에서 임금을 묶어 두고) 노동일을 연장하며, 또 노동자의 종속 상태를 정상적인 수준으로 유지하기 위하여 국가권력을 필요로 했고, 또 이를 직접적으로 사용하기도 했다. 이것이야말로 이른바 본원적 축적의 본질적인 계기이다."(『자본』 I-2, 990~991쪽.)

마르크스가 「제1분책」에서 발췌하고 있는 일련의 국민경제학적 저술들, 그리고 「제2분책」에서 언급하고 있는 중상주의와 중농주의는 자본의 폭력적이고 수탈적인 본원적 축적이 진행 중이거나 이미 거의 완결된 시기에 속하는 것들로서, 이들 중 일부는 당시 한창 성장하고 있었던 자본가들의 이윤추구를 저해하는 모든 제약들로부터의 해방을 옹호하면서, 이윤추구라는 동기와 그에 적합한 개인들의 관계를 사상적으로 정당화하는 데 힘썼다. 또한 새롭게 등장한 임금노동자와 자본가라는 두 사회적 범주들, 그리고 화폐경제의 전면화를 통해 중세 봉건제적 성격으로부터 완전히 탈피한 토지 소유자들 사이의 관계에서, 다시 말해 사회의 총생산물 가운데 노동자, 자본가, 지주에게 돌아갈 임금, 이윤, 지대라는 세 가지 항목을 어떻게 관계 짓고 규정할 것인지 이론적으로 고민했다.

당시에 활동했던 모든 사상가들이 일치를 본 것은 아니지만, 이들은 자본주의가 완성된 틀을 갖춰 갈 무렵 한 국가 및 사회를 이루는 부가 노동으로부터 창출된다는 데 전반적으로 동의했고, 그래서 노동이 자본가들에게 돌아가는 이윤의 중요한 원천이라는 것도 알아냈다. 하지만 자본주의를 특징짓는 주요 계급의 출현과 그 계급을 특징짓기 위해 이들이 동원한 주요 경제학적 범주들 이면에 놓여 있는 자본의 수탈적 축적의 과정에 대해서는 맹목적이었다. 그 때문에 이들에게는 임금, 이윤, 지대의 관계가 사회적 생산물을 분배하기 위한 경제학적 범주로만 국한되었으며, 이 과정에서 발생하는 경제적 격차는 대개의 경우 한 나라가 부강하기 위해 어쩔 수 없이 감내해야만 하는 경제적 부대비용 정도로만 치부되었다. 부르주아 경제학자들은 자본주의에 대한 이러한 몰역사적 접근을 통해, 다시 말해 자본주의 발생사에 대한 역사적 통찰을 생략함으로써 그들 자신의 계급적 지반을 망각했다. 「제1분책」의 첫 부분을 마르크스가 애덤 스미스의 『국부론』의 논지를 따라 "**임금**은 자본가와 노동자 사이의 적대적인 투쟁을 통해 결정된다. 승리의 필연성은 자본가 편에 있다"라고 시작하는 이유는, 자본주의 분석을 위해 부르주아 경제학자들이 동원하는 탈역사화된 범주들을 자본주의의 역사적 발생 과정으로 되돌림으로써, 여기에 자본주의의 본원적 수탈이라는 역사의 의상을 입히기 위한 철학적 시도라고 할 수 있다.

2) 자본주의적 생산의 3요소와 3계급:
임금·이윤·지대 ─ 노동자·자본가·지주

「제1분책」에서 마르크스는 자본주의 경제체제의 세 계급과 이 계급을 기준으로 이뤄지는 생산물의 분배로서 임금, 이윤, 지대에 대한 국민경제학자들의 텍스트를 발췌하고 이에 대한 자신의 논평을 개진하고 있다. 이 과정에서 마르크스는 크게 두 가지 내용에 발췌 및 서술의 초점을 두고 있다. 첫째, 마르크스는 부르주아 경제학이 자본주의 또는 사적 소유에 기반한 계급사회를 탈역사적인 것으로 전제함으로써 사적 소유가 형성된 역사적 과정과 그 본질을 전혀 문제 삼지 않는다는 점을 비판의 핵심으로 삼고 있다. 이 비판을 전제로 마르크스는 둘째, 부르주아 경제학이 모든 가치의 원천이 노동이라는 점을 인정하고는 있으나, 노동자와 생산 그리고 생산이 이루어지는 조건 사이의 관계를 고찰하지 않음으로써 사적 소유하에서 필연적으로 발생하는 노동의 소외를 은폐한다고 간주한다. 자본주의적 생산체제의 세 계급 그리고 이와 결부된 생산의 세 가지 요소로서 임금, 이윤, 지대에 대한 고찰을 통해 마르크스는 부르주아 사회에서 생산된 부가 이들 세 계급에게 결코 공평하게 분배되지 않음을 들춰낸다. 그리고 이들 세 계급 가운데 특히 노동자 계급은 자본주의 경제체제하에서 가장 고통받는 계급으로 지목된다.

마르크스에 의하면 임금, 자본, 지대는 자본주의 경제체제가 유지되기 위한 가장 본질적인 제 범주이자 요소들로서, 이 세

가지 범주를 중심으로 하는 노동자, 자본가, 토지 소유자라는 세 계급의 상호 제약적 연관관계에 대한 이해가 대단히 중요하다. 마르크스는 특히 이 세 범주 및 세 계급의 연관관계를 노동 임금과 그 임금의 직접적인 당사자인 노동자 계급의 관점에서 이해하는 것이 자본주의 경제체제를 이해하는 데 있어서 본질적이라고 본다. 마르크스는 자본주의 경제체제의 세 범주에 대한 각각의 분석을 통해 임금, 자본, 지대라는 세 범주의 분리가 궁극적으로 자본주의 사회의 노동계급에게 어떠한 치명적인 영향력을 행사하는지 고찰한다. 이런 맥락에서 임금, 자본, 지대의 순서로 이루어지는 서술이 「제1분책」의 마지막 장에 해당하는 소외된 노동으로 귀결되는 것은 결코 우연이 아니다. 왜냐하면 마르크스에 의하면, 노동자들에게 있어서 자본, 지대, 노동의 분리는 치명적이기에, 궁극적으로는 노동을 통해 유지되는 자본주의 사회에서 대부분의 구성원들이 노동으로부터 소외되는 결과를 낳기 때문이다. 노동의 소외는 자본주의 이전에 선행했던 모든 경제체제를 통틀어 고찰해 보았을 때, 오직 자본주의 경제체제에서만 나타나는 가장 고유한 현상이라는 것이 마르크스의 결론이다. 따라서 우리는 「제1분책」의 서술

순서에 따라, 임금, 자본, 지대라는 세 생산요소 사이의 상호 제약적 관계가 어떻게 필연적으로 노동 소외로 귀결되는지 그 논리적 과정에 초점을 두고 나아가보도록 하자.

(1) 임금: 노동이 하나의 상품이라면, 그것은 가장 불행한 특성을 지닌 상품이다.

「제1분책」의 '임금' 부분은 주로 『국부론』 제1편 제8장에서 다뤄지는 노동임금에 대한 마르크스의 발췌 및 이에 대한 논평, 그리고 그 외 독일과 프랑스의 몇몇 저술가들의 텍스트 발췌문으로 이뤄져 있다. 「제1분책」의 임금단뿐만 아니라, 이후 이어지는 자본의 이득과 지대단에서도 마르크스는 스미스의 『국부론』에서 상당히 많은 양을 발췌해 오고 있다. 그러나 마르크스의 발췌문이 스미스의 논지를 액면 그대로 수용하는 것이 아닌, 이에 대한 비판을 겨냥하고 있는 만큼, 마르크스와 스미스가 노동임금을 바라보는 관점의 차이를 우선 전제할 필요가 있다.

잘 알려져 있다시피 스미스의 『국부론』은 18세기 영국을 중심으로 발생한 산업혁명의 초창기를 그 서술의 배경으로 삼고 있다. 많은 경제학자가 공인하듯, 스미스는 자본주의적 생산양식이 자본가, 노동자, 그리고 지주라는 3대 계급으로 이뤄져 있다는 것을 최초로 체계화한 사상가요, 한 사회의 총생산물이 이들 세 개의 계급에 준하여, 이윤, 임금, 지대라는 세 개의 항목으로 분배된다는 것을 이론화한 사상가이기도 하다. 국민경제학에 대한 발췌 글 및 이에 대한 마르크스의 논평으로 이뤄진 「제1분책」이 그 구조상 임금, 자본의 이윤, 지대로 구성되어 있다는 것은, 마르크스 또한 스미스가 분류한 세 개의 계급 및 이에 조응하는 소득 분배의 내용을 우선 그대로 따르고 있다는 것을 의미한다. 그러나 마르크스는 사적 소유가 지배하는 자본주의적 생산양식 아래에서 스미스가 주장하고 있는 것처럼, "누구나 자신의 이익을 위해 일하지만 '보이지 않는 손an invisible hand'에 이끌려 의도하지 않은 목적을 달성"하거나 이를 통해 "공공의 이익이 촉진되는 데 의도치 않게 기여한다"[12]라는 점에 동의하지 않는다. 사적 소유의 지배 아래에서 노동자는 자유시장의 우연적 변동에 따라 그 어떤 계급보다 고통을 당하며, 자

---

12 애덤 스미스 저, 『국부론』(상, 하), 김수행 옮김, 비봉출판사, 2009, 552쪽.

본주의 시장의 제 상품 가운데 "가장 불행한 특성을 지닌 상품"이기 때문이다.

그렇다면 마르크스가 스미스와 의견을 달리하는 부분은 구체적으로 어떤 점인가?

우선 스미스에 의하면, 자본주의 사회는 문명이 도달하는 가장 발전되고 진보한 사회로 간주된다. '한 국가의 부의 본성과 원인에 대한 탐구'라는 부제가 드러내고 있는 것처럼, 『국부론』은 스미스 이전에 등장했던 중상주의나 중농주의처럼 한 민족 또는 한 국가가 도달할 수 있는 부의 원천을 상업이나 토지에서 찾지 않고, 인간의 노동으로부터 찾았던 최초의 경제학 저서다. 인간 노동에 대해 스미스가 부여하고 있는 이와 같은 가치는 『국부론』의 전반적인 계획을 밝히고 있는 첫 부분에서 명확하게 드러난다. 거기에서 스미스는 '각 나라의 1인당 연간 생산물은 전 국민이 노동할 때 발휘되는 기교, 숙련 및 판단에 의존하며, 유용노동에 종사하는 사람들의 숫자에 의존한다'고 적는다. 또한 스미스는 유용노동을 통해 생산되는 총생산물이 풍족하고 많은 나라일수록, 생산물의 결핍으로 허덕이는 나라보다 진일보한 상태에 있다는 것도 분명하게 강조한다. 스미스는 "문명화되고 번영하는 나라들을 보면 수많은 사람들이 전혀 노동을 하지 않으면서도 절대다수의 일하는 사람들보다 10배, 때로는 100배의 노동생산물을 소비하는데도 불구하고, 사회의 총노동생산물이 너무나 거대하기 때문에, 모든 사람들이 풍부하게 공급받으며, 가장 저급의 빈곤한 노동자라도 그가 절약하고 근면하다면 어떤 야만인이 얻을 수 있는 것보다 더 많은 생활필수품과 편의품을 얻을 수 있다"(『국부론』(상, 하), 2쪽)라고 생각한다. 『국부론』은 노동을 통해 성취된 이 물질적 풍요, 즉 그로부터 산출된 생산물이 사회의 상이한 계급들에게 어떻게 분배되는 것이 가장 자연스러운가를 탐구하겠다고 한다. 스미스가 보기에 자본주의는 비록 부조리와 불합리함이 있다 하더라도, 근면한 노동을 통해 부를 축적하는 제 구성원들의 조화를 통해 한 국가의 물적 풍요를 가져올 수 있는 진일보한 경제체제다.

마르크스는 「제1분책」 임금단에서 스미스가 노동임금의 성격 또는 노동임금을 결정하는 요인과 관련하여 서술한 내용들을 발췌하면서 크게 세 가지 점을 지적한다.

우선, 스미스는 『국부론』에서 노동생산물의 분배와 관련하여 역사적인 맥락에서 "토지의 사적 점유와 자본축적이 있기 이전의 원시사회 상태에서는 노동생산물 전체가 노동자에게 속했다"(『국부론』(상, 하), 84쪽)라고 지적한다. 그리고 이에 덧붙여 "노동자가 자기의 노동생산물 전체를 향유하던 이 원시 상태가 토지의 사유와 자본의 축적이 발생하게 되자마자 더 이상 존속할 수 없었다"(『국부론』(상, 하), 85쪽)라고 서술하면서, 자본주의적 생산 방식 아래, 노동자가 생산한 노동생산물 전체가 자본 사용에 대한 이윤과 토지 사용에 대한 지대로 나눠지는 것을 당연한 것으로 간주하고 있다. 토지의 사적 소유와 자본축적으로 인해 노동생산물로부터 지대와 이윤이 '공제'되는 것을 매우 자연스럽고 당연한 귀결로서 수용하고 있다는 점이다. 특히 지대와 이윤의 공제를 자연스러운 것으로 받아들이는 지주와 자본가의 이해관계와 관련하여 스미스는 "만약 자본이 이윤과 함께 회수되지 않거나 토지에 대한 지대를 회수하리라는 관심이 없을 경우 아무도 노동자를 고용하려고 하지 않을 것"(『국부론』(상, 하), 86쪽)이라고 서술함으로써, 이득을 추구하는 인간의 욕구와 갈망을 인간이 지닌 매우 자연스러운 본성으로 전제하고 있다.

마르크스는 스미스의 견해를 따라 자본주의적 생산의 3요소가 노동과 자본과 지대로 구성되며, 노동자, 자본가, 지주라는 세 계급 및 임금, 이자, 지대라는 세 가지 소득 원천으로 노동생산물이 분할된다는 점을 일단 수용한다. 그럼에도 불구하고 마르크스는 스미스를 비롯한 국민경제학자들이 노동과 자본, 지대로 이루어진 자본주의적 생산의 3요소와 이들 각각의 관계에서 노동자가 어떤 처지에 놓이게 되는가에 대해 전혀 탐구하지 않는다고 비판한다. 이 세 가지 요소의 분리는 마르크스가 보기에 세 계급 가운데 노동자에게 가장 불리하게 작용하며 가장 치명적으로 작용한다. 생산수단을 사적으로 소유하고 있는 자본가와 지주와는 달리, 노동자는 그가 가진 노동력 이외에 아무것도 가진 것이 없기 때문에, 설령 노동자가 그의 몫으로 할당되는 임금을 올리기 위해 자본가를 상대로 파업을 벌인다고 하더라도 자본가나 지주만큼 오랫동안 버틸 수 없기 때문이다. 스미스 또한 계약을 통해 체결되는 노동임금과 관련하여 노동자들이 고용주를 상대로 벌이는 파업에서 불리한 위치에 놓일 수밖에 없다는 점을 지적한다. 스미스의 서술에 의하면, 노동자들에 비해 수적으로 훨씬 더 적은 고용주들은 임금인상을 둘러싼 노동자들의 파업이 발생했을 때, 더 쉽게 단합할 수 있고, 또 법률과 정부기관이 노동자들의 파업보다는 고용주의 이해관계를 더 많이 반영하고 있기 때문에 노동자들은 임금인상과 관련한 파업에서 더 자주, 더 쉽게 패배한다.[『국부론』(상, 하), 87쪽] 그러나 스미스는 고용주, 즉 자본가와 노동자 사이의 힘의 불균형만을 지적하고 있을 뿐, 그 근본적 원인에 대해서는 더 이상 탐구하지 않는다. 이는 스미스를 비롯한 국민경제학자들에게 노동이 단지 자본주의적 생산을 구성하는 생산의 3요소로만 간주될 뿐이기 때문이고, 그 때문에 자본가와 지주를 제외한 대다수 인간을 오직 노동자로만, 다시 말해 물질적 부를 창출하고 축적하는 데 필요한 하나의 요소로서만 간주하기 때문이다. 스미스를 비롯한 국민경제학자들은 이 때문에 자본주의적 상품 생산 사회에서 노동자로서의 인간이 처하게 되는 곤궁하고 비참한 처지에 대해 그다지 깊은 관심을 갖지 않으며, 또 한 사람의 인간이 아니라 오직 한 사람의 노동자가 수행하는 노동에 대해서만, 그것도 자본과 지대와 관계된 노동에 대해서만 관심을 가질 뿐이다. 이런 맥락에서 마르크스는 '국민경제학은 노동하지 않을 때의 노동자는 인간으로 간주하지 않는다'라고 꼬집는다.

이로부터 더 나아가 마르크스는 노동임금의 결정과 관련하여 「제1분책」 첫 문장에서 "**임금**은 자본가와 노동자의 적대적 투쟁을 통해 결정된다"라고 서술함으로써, 노동임금이 "전혀 다른 쌍방(노동자와 고용주) 사이에서 체결되는 계약에 의거한다"『국부론』(상, 하), 86~87쪽]라는 스미스의 서술을 정면으로 반박한다. 자신의 이득을 최대화하기 위한 이기적 욕구를 동력으로 삼는 스미스의 자본주의적 상품 생산 사회에서, 노동자는 가능한 한 많이 받기를 원하고, 고용주는 가능한 한 적게 주기를 원하는 것이 각자의 자연적 경향으로 간주된다. 그러나 스미스는 노동임금의 결정과 관련하여, 고용주가 아무리 임금을 낮추려는 자연적 경향을 가지고 있다고 하더라도 임금을 일정 수준 이하로 상당 기간 낮게 유지하는 것은 불가능하다는 점을 지적한다. 적어도 자본주의적 생산이 유지되려면 노동자가 자신의 가족을 부양해야 하기 때문이라는 이유에서다. 그 때문에 스미스에 의하면, 고용주가 아무리 자신의 이익을 최대화하고자 하는 자연적 동기를 가지고 있다 하더라도 자본주의적 생산을 유지하기 위해 노동자의 생존을 보장하고, 가족을 부양함으로써 자식들을 키워 내 차후에 노동자로서 공급될 수 있도록 하는 정도까지는 임금을 지불해야 한다. 이것을 마르크스는 스미스의 서술을 따라, "임금에 대한 가장 낮은, 그리고 유일하게 필수적인 사정액은 노동하는 동안의 노동자의 생계비이며, 노동자가 가족을 부양할 수 있고, 노동자 종족이 사멸하지 않을 만큼의 액수다"라고 적고 있다. 스미스에게 노동임금은 자본주의적 생산을 지속시키기 위한 내재적 동학의 한 축으로만 간주될 뿐, 생존을 유지하기 위한 최소 수준의 임금이 노동자들에게 미치는 부정적이고 파괴적인 영향은 심각한 고려의 대상으로 여겨지지 않는다. 마르크스는 이런 맥락에서 "스미스에 따르면 통상적 임금은 통상적 인간존재에 부합하는, 즉 가축과 같은 생존에 부합하는 최저의 것이다"라고 서술한다.

그리고 끝으로 스미스는 상품 가격의 결정 요인을 상품의 시장 가격과 자연 가격을 통해 설명한다. 상품의 자연 가격이란 상품을 생산하는 데 들어가는 노동, 자본, 지대를 합한 총액을 의미하며, 상품의 시장 가격이란, 상품의 수요량과 공급량의 변동에 의해 결정되는 가격을 의미한다. 스미스에 의하면 상품의 시장 가격은 상품의 자연 가격으로 수렴되는 경향을 갖는

데 이는 우리에게 '수요와 공급의 법칙'으로 알려져 있는 상품의 시장 가격을 결정하는 시장의 법칙에 의거하고 있다. 스미스는 모든 다른 상품과 마찬가지로 노동의 가격인 노동임금 또한 시장의 법칙에 근거하여 분석할 수 있다고 본다. 예컨대 한 상품에 대한 소비자들의 수요가 많으면, 수요와 공급의 법칙에 의해 그 상품을 생산하는 데 들었던 비용, 즉 자연 가격보다 더 높은 시장 가격이 매겨질 것이다. 그러면 그 상품을 생산하기 위한 더 많은 자본이 몰려들 것이고, 이내 소비자들의 수요보다 더 많은 상품이 시장에 공급됨으로써 해당 상품의 수요를 초과하게 될 것이다. 이로 인해 그 상품의 시장 가격은 자연 가격으로 낮춰질 수밖에 없다. 스미스가 보기에 자유로운 경쟁이 지배하는 자본주의 시장에서는 시장을 지배하는 수요 공급의 법칙이 가격을 결정하는 주요한 법칙으로 통용되기 때문에, 어떤 자본가가 터무니없이 비싼 가격으로 상품을 판매한다고 하더라도 이내 다른 자본가와의 경쟁의 압력으로 인해 자연 가격보다 높은 시장 가격을 지속적으로 요구하는 것은 불가능해지게 된다. 이 때문에 스미스는 모든 상품의 시장 가격이 시장을 지배하는 법칙에 근거해서 그 상품을 생산하는 데 드는 생산비용, 즉 자연 가격으로 수렴되는 경향이 있다고 주장한 것이다.

　상품에 적용되는 시장의 법칙은 스미스에 의하면 노동자가 상품인 한, 노동의 가격인 노동임금에도 그대로 적용될 수 있다. 마르크스의 표현을 그대로 따르자면, 스미스는 **"다른 모든 상품들과 마찬가지로, 인간에 대한 수요는 필연적으로 인간의 생산을 규정한다"**라고 본 것이다. 예컨대 특정 시기 시장에서 노동자의 공급이 자본가에 의해 요구되는 노동자의 수요를 초과하게 되면, 당연히 노동임금은 하락할 것이다. 스미스는 노동의 시장 가격이 지나치게 낮을 경우, 이는 곧 노동자의 인구 감소-노동자들이 자식을 낳지 않음으로써-로 이어지게 되고, 이내 시장에 공급되는 노동자의 숫자가 줄어들게 되는 결과를 낳을 것이라고 본다. 따라서 만약 노동자의 공급이 자본가의 수요보다 줄어들게 되면 이는 곧 노동임금의 시장 가격을 상승시키는 결과를 가져올 테지만, 노동임금의 상승은 이내 노동자의 숫자를 증가시킴으로써 노동자의 공급이 노동자에 대한 수요를 초과하게 되는 사태에 이른다는 것이다. 그리하여 마침내 노동의 자연 가격보다 높았던 노동의 시장 가격이 또다시 자연 가격으로 수렴되는 결과로 이어진다. 스미스는 노동임금이 후할 경우 노동자들이 아이들을 더 잘 먹일 수 있고, 더 많이 출산할 것이므로 노동인구가 과잉공급되는 상태에 이를 것이고, 이것이 다시 노동에 대한 보수를 낮추는 기제로 작용할 것이라고 주장한다. 반면에 스미스는 노동임금이 낮으면 노동자들의 출산율이 자연적으로 줄어들 것이고 이것은 곧 시장에 노동인구의 과소공급을 가져올 것이므로, 노동임금을 다시 높이는 기제로 작용한다고 분석한다. 이와 같은 분석에는 시장의 법칙 아래, 노동자들을 번식을 통해 그 수가 자연 조절되는 가축과도 같은 존재로 간주하는 스미스의 관점이 내재되어 있다. 상품의 시장가격과 자연 가격이라는 두 개의 개념을 통해 스미스는 시장을 중심으로 행해지는 자유경쟁의 법칙이 상품의 수요와 공급의 조화를 가져올 수밖에 없고, 노동임금의 결정에도 그대로 반영된다고 본 것이다.

노동임금이 상승하면 노동자들의 출산율이 증가하여 인구가 증가하고, 인구의 증가가 시장에 노동자의 공급과잉을 불러옴으로써 임금이 하락할 것이라는 스미스의 주장은 후일 토머스 맬서스나 데이비드 리카도와 같은 사상가들에게 큰 영향을 미쳤으며, 이른바 '어떤 경우에도 임금은 동일한 수준을 유지하게 되어 있다'는 임금 철칙설로 굳어지게 된다. 물론 마르크스는 『경제학-철학 초고』에서 인구 증가에 근거하여 노동임금의 변동을 정식화한 스미스의 이론을 구체적으로 반박하지는 않는다. 이 작업은 후일 『자본』에 위임되는데, 마르크스는 '자본축적의 일반적 경향'을 다루는 곳에서, 노동임금의 상승이 노동자의 인구를 증가시킴으로써 노동에 대한 수요를 초과하는 속도보다, 오히려 자본을 축적하려는 제반 기술력과 생산성의 향상이 노동에 대한 수요를 끊임없이 요구할 것이라고 못 박는다.

마르크스는 스미스가 시장의 수요 공급 법칙을 통해 노동임금의 균형 가격을 적시하는 계산에 몰두하는 그곳에서 노동의 공급이 수요를 초과함으로써 노동자들이 "구걸 상태로 전락하거나 아사"하는 현실로 눈을 돌린다. 그리고 노동의 공급이 수요를 초과함으로써 임금을 두고 벌어지는 노동자들의 강요된 경쟁을 지적한다. 스미스를 비롯한 국민경제학자들이 노동자들이 처한 이러한 현실에 냉담한 이유는 그들에게 '노동이 오직 취득행위로만 여겨지기' 때문이며, 또한 그들이 "노동자를 노동 동물로만, 가장 엄정한 생명 욕구로 환원되는 가축으로만 알고 있기" 때문이다.

이상의 논지로부터 마르크스는 사적 소유가 지배하는 자본주의 생산체제 속에서 노동자는 그 어떤 계급보다 불리한 여건에 처해 있으며, 그 어떤 계급보다도 고통받는 계급으로 전락한다고 지적한다. 이는 자본주의 사회의 다양한 시간적 국면에서도 변함없이 관철되는 것으로서, 노동자는 사회의 부가 쇠퇴할 경우에도, 사회의 부가 늘어나 발전하는 경우에도, 그리고 마지막으로 사회의 부가 절정에 달해 더 이상의 성장을 기대할 수 없는 침체기의 경우에도 동일하게 적용된다. 마르크스에 의하면 사회의 부가 쇠퇴하는 첫 번째의 경우, 아무것도 가진 것이 없는 노동자들은 사회 상태의 쇠퇴가 가져오는 부정적 폐해를 직접적으로 겪을 수밖에 없으며, 사회의 부가 늘어나는 상태에서는 노동자들의 임금이 상승한다고 하더라도 더 많은 임금을 받기 위한 노동자들의 극심한 경쟁이 벌어지기 때문에, 가장 심하게 고통받는다. 마지막으로 더 이상의 성장을 기대할 수 없는 가장 발달한 사회 상태에서는 노동자의 임금과 자본의 수익 둘 다 정체된 상태로 머물 것이기 때문에, 일자리를 얻기 위한 노동자들의 경쟁은 더욱 치열해질 것이고, 이는 결국 노동임금을 하향시키는 결과로 이어지게 된다. 마르크스는 어떤 사회 상태에서도 결과적으로 노동자는 자본가나 지주에 비해 결코 유리한 위치를 점할 수 없다고 결론 내린다. 그리고 그 결과를 '쇠퇴하는 사회 상태에서는 누진적인 노동자의 빈곤이, 진보하는 상태에서는 노동자의 복잡한 빈곤이, 완성된 상태에서는 노동자의 정체된 빈곤'이 지배적일 것이라고 집약한다.

사회 구성원 대다수가 먹고살기 위한 목적 하나에 매달려 노동해야만 하는 사회, 오직 "배고픔이라는 가혹한 필연성을 면하기 위해서" 노동해야 하는 사회에서, 노동은 다른 상품과 마찬가지로 하나의 상품이지만, 그것이 만약 상품이라면 마르크스는 가장 불행한 특성을 지닌 상품이라고 서술한다. 노동임금에 대한 스미스의 저술을 발췌하면서, 마르크스는 노동의 목적을 단순한 부의 증대에만 두고 있는 국민경제학자들이 노동을 부끄럽고 파멸적인 것으로 간주하는 속내를 암암리에 드러내고 있을 뿐만 아니라, 이를 통해 토지의 사유와 자본축적에 기반한 사적 소유의 사회를 액면 그대로 옹호한다고 고발한다. 노동임금에 대한 마르크스 발췌문의 목적은 스미스를 포함한 국민경제학자들이 노동에 대해 갖는 이러한 피상적인 관점과 견해를 들춰내고, 국민경제학의 관점이 자본주의 경제체제에 대한 맹목적 옹호와 지지에 있음을 폭로하는 데 있다.

(2) 자본의 이득: 자본(가)의 모든 목적은 이윤에 놓여 있다.

'자본의 이득'이라는 제목을 단 해당 발췌 분책은 ① 자본, ② 자본의 이득, ③ 노동에 대한 자본의 지배 그리고 자본가들의 동기, ④ 자본들의 축적과 자본가들 사이의 경쟁이라는 네 개의 절로 세분화되어 있다. 이 발췌 분책 전체에서 가장 많은 비중을 차지하는 것은 앞서의 '노동임금'의 발췌 글과 마찬가지로 스미스의 『국부론』이며, 그 이외에 세, 리카도 등이 언급되어 있다. 그리고 발췌 분책 후반부에서는 슐츠와 페쾨르 같은 저술가들의 글이 발췌되어 있다.

먼저 마르크스의 발췌는 첫째, 스미스를 비롯한 국민경제학자들이 '자본'을 어떻게 이해하고 있는지 보여 주고, 둘째, 자본의 소유자들이 자본을 통해 얻고자 하는 바를 국민경제학이 어떻게 규정하는지, 그리고 자본의 이윤이 임금과 맺는 관계는 무엇인지, 더 나아가 자본가를 움직이는 내적 동기가 무엇인지를 밝히는 순서로 진행되어 있다. 해당 발췌 분책은 사적 소유가 지배하는 자본주의 경제체제에서 자본의 축적과 증가는 궁극적으로 더 많은 자본을 가진 대자본가들의 승리로 귀착된다는 것을 보여 주고 있으며, 이것이 사회 전체에 미치는 영향이 무엇인가를 규명하는 것으로 종결되고 있다. 스미스의 서술에 의거해 마르크스는 ① 자본가의 목적은 오직 더 많은 이윤의 획득이라는 것, 때문에 ② 자본주의 사회의 세 계급 중 자본가 계급의 이해관계는 사회 전체의 이해관계에 대립하며 적대적인 관계를 맺고 있다는 것, ③ 자본가들이 이윤을 획득하는 모든 원천이 자연생산물을 가공한 노동으로부터 비롯됨에도 불구하고, 이 모든 진보의 과실이 오직 자본가의 이득으로 귀착된다는 것, ④ 자본가들 사이의 경쟁은 궁극적으로 더 많은 자본을 축적한 대자본가의 승리로 귀결된다는 것을 보여 준다.

마르크스는 스미스와 세의 글에 의거하여 '자본을 타인의 노동의 생산물에 대한 사적 소유'라고 정의한다. 그리고 이 소유가 한 사회 내에서 합법적인 것으로 승인되기 위해 입법의 도움을 필요로 한다는 문장을 자본에 대한 정의에 덧붙인다. 이 발췌문을 통해 마르크스는 한 사회 내에서 자본을 소유한다는 것이 부와 권력을 거머쥐는 것을 뜻하는 것으로 이해되고 있음을 보여 주고자 하며, 발췌문에 드러난 것처럼, 자본의 소유가 곧바로 정치권력의 획득과 등가인 것은 아니지만, 적어도 타인의 노동과 노동생산물에 대한 경제적 권력, 즉 지배력을 행사할 수 있는 것으로 간주된다는 점을 보여 준다. 이런 맥락에서 마르크스는 스미스가 쓴 문장인 "자본은 타인의 노동과 노동생산물에 대한 지배력"을 그대로 옮겨 오면서, 자본주의 사회 내에서 자본가가 갖는 권력을 암암리에 적시하고 있다. 자본 소유자는 그가 갖는 구매력, 그리고 타인의 노동과 노동생산물에 대한 지배력을 통해 일정한 수입 또는 이득을 기대한다. 이 지배력을 통해 획득한 수입, 이득이 다시 소유자에게 자본의 축적을 추동하기에, 마르크스는 스미스의 구절을 가져와 자본이란 "축적되고 저장된 일정량의 노동"이라고 정의한다.

자본에 대한 이러한 정의를 바탕으로 마르크스의 발췌문은 스미스가 자본의 이득을 취득하는 방식을 어떻게 서술하는지 보여 준다. 이에 대해 스미스는 두 가지 점을 제시하는데, 첫째, 자본가가 그의 자본을 투자하여 얻은 이윤의 크기는 전적으로 그가 사용한 자본의 크기에 비례한다는 점, 둘째, 어떤 자본가도 자신의 자본을 사용하여 이득을 얻을 것이라는 기대를 갖지 못한다면 노동자를 고용하지 않을 것이고, 따라서 자본을 사용하지 않을 것이라는 점이다. 다시 말해 자본가는 노동자 고용의 대가로 지불된 임금을 공제하고도 남는 것이 없다면, 노동자의 고용에 아무런 흥미도 갖지 않을 것이며, 그가 거둬들이는 이윤은 그가 투자한 자본의 크기에 비례해야만 한다는 것이다. 마르크스는 스미스의 이와 같은 서술을 토대로 하여, 자본가가 끌어내는 이득의 기초가 상품 생산에 필요한 노동자들의 노동과 여기에 지불되는 임금을 기초로 하고 있다는 점, 그리고 그 이득은 상품 생산을 위해 노동자들에게 그가 선대한 원료에 있다고 결론 내린다.

이로부터 마르크스는 자본가가 얻을 수 있는 최저 이득률과 최고 이득률 또한 어떤 경우든 자본가가 투하한 자본의 규모를 상회해야만 한다는 것, 자본이 얻을 수 있는 통상적인 이득은 상품 판매의 총액 가운데 지대와 임금을 공제하고 도달한 금액이라는 것, 그리고 이 가운데 임금은 노동자의 단순한 생존을 보장하는 최저 수준으로 축소될 수도 있다는 스미스의 서술을 발췌한다. 자본가가 획득할 수 있는 이득과 관련하여 마르크스가 발췌한 스미스의 서술에 의하면, 자본가는 다양한 방법으로 자신의 이득을 끌어낼 수 있는데, 스미스는 이와 관련하여 상업상의 비밀이나 상품 생산과 관련한 공장의 비밀, 독점, 식민지 개척 등을 들고 있다. 달리 말해 자본가는 그가 가지고 있는 다양한 수단들을 동원하여 얼마든지 상품의 시장 가격을 자연가격보다 높게 책정할 수 있으며, 이를 통해서 그가 투하한 자본의 크기를 상회하는 규모의 이득을 손에 쥘 수 있다는 것이다. 스미스 또한, 자본가는 그가 움직이는 유일한 목적이 이윤에 대한 갈망이기에, 자본가의 이해관계는 사회 전체의 이해관계 또는 공익에 적대적이거나 대립될 수 있으며, 다양한 자본들의 경쟁이 지배하는 시장에서는 더 큰 규모의 자본이 더 작은 규모의 자본보다 이득을 획득하고 이로부터 자본을 축적하기에 훨씬 더 용이한 위치에 있음을 지적하고 있다.

마르크스는 자본의 이득과 관련한 스미스 글의 발췌를 마무리하면서, 결국 자본주의 경제체제에서는 자본가가 시장에 내놓은 모든 상품이 인간의 노동을 통한 자연생산물의 가공을 통한 산물임에도, 이로 인해 인간이 이룩한 진보는 노동자들의 임금을 증가시키기보다는 오히려 자본가들의 이득을 증가시키는 기제로 활용된다고 논평한다. 자본의 이득이 커질수록 시장에 뛰어드는 자본들의 수효도 증가할 것이며, 자본의 축적도 활성화되어 이것이 또다시 노동 생산성을 향상시킬 분업의 촉진과 세분화로 이어지며, 그리하여 더 많은 자연생산물이 가공되어 시장에 제공될 테지만, 이 모든 과정 속에서 인간이 이룩한 모든 진보의 산물은 자연생산물을 가공한 노동자에게 돌아가는 것이 아니라 오롯이 자본가의 몫으로 귀착된다는 것이다. 이 때문에 마르크스는 자본의 이득에 대한 스미스 글을 발췌한 후, 다음과 같이 결론 내린다. "자본가는 이중적으로 이득을 얻는바, 첫째는 분업을 통해서, 둘째는 일반적으로 인간 노동이 자연생산물에 대하여 거둬들인 진보를 통해서이다. 어떤 상품에 대한 인간의 관여가 커지면 커질수록 죽은 자본의 이득은 더욱 커진다." 그리고 경쟁이 지배하는 시장에서 다양한 규모의 자본들 간의 경쟁은 필연적으로 소수의 수중으로, 자본의 집중과 축적으로 귀결된다.

(3) 지대: 토지의 산업화는 자본가 계급과 노동자 계급만을 남기게 된다.

지대단은 『국부론』 제11장 토지의 지대에 대한 스미스의 글을 상당 부분 발췌한 후, 지대에 대한 스미스의 관점과 견해를 마르크스가 논평하고 반박하는 것으로 구성되어 있다. 스미스는 토지의 지대와 관련하여, 지대를 결정하는 다양한 요인들을 분석하고 제시한 후, 지대가 임금 및 자본과 갖는 관계를 여러 사례들을 통해 검증한다. 이러한 분석을 통해 스미스는 토지 소유자, 즉 지주의 이해가 부의 증진을 목적으로 삼는 사회 전체의 이해와 합치할 뿐 아니라, 노동자들의 이해와도 합치한다고 결론짓는다. 이에 대해 마르크스는 스미스가 전개하는 지대 결정 요인을 충실하게 발췌한 후, 지주 계급의 이해관계가 사회의 모든 나머지 계급의 이해관계와 상충된다는 것, 그리고 토지 소유주와 자본가 계급의 갈등과 반목은 자본주의적 생산관계가 확장되고 발전함에 따라 후자의 승리로 귀착된다는 점을 제시한다.

스미스는 지대를 "토지 소유에 대한 가격"[『국부론』(상, 하), 189쪽]으로 정의한 후, 이에 대해 "지주가 그 토지의 개량에 투하했을지도 모르는 것, 또는 지주가 취득할 수 있는 것에 전혀 비례하지 않고, 농업자가 지불할 수 있는 것에 비례한다"[『국부론』(상, 하), 189쪽]라는 다소 부정적인 진단을 내린다. 요컨대 지주는 자신의 토지를 임대한 후, 그 토지의 개량에 자신이 직접 참여한

몫을 요구하는 것이 아니라, 토지 임대를 통해 경작자가 거둬들일 것으로 예상되는 몫을 요구한다는 것이다. 이런 맥락에서 스미스는 '지주가 개량되지 않는 토지에 대해서까지 지대를 요구한다는 것, 이러한 개량이 지주의 자본에 의해 이뤄지는 것은 아니라는 것, 더욱이 지주는 인간이 전혀 개량할 수 없는 땅에 대해서까지 지대를 요구한다는 것'을 비판적으로 거론하고 있다.

스미스는 지대에 대한 위와 같은 정의로부터, 지대가 결정되는 제 요인으로서 토지의 비옥도와 위치를 언급한다. "토지의 생산물이 무엇이든 간에, 토지의 지대는 토지의 비옥도에 따라 다를 뿐만 아니라, 토지의 비옥도가 어떠하든 간에, 토지의 위치에 따라서도 다르다"[『국부론』(상, 하), 192쪽]라는 것이다. 예를 들어 도시 인근에 위치한 토지 소유자는 그 비옥도가 어떻든 간에 시골 벽지에 있는 토지에 비해서 더 많은 지대를 요구할 수 있는데, 이는 토지의 위치에 따라 토지생산물을 시장으로 운송하는 데 드는 비용을 절감할 수 있기 때문이다. 이에 덧붙여, 토지의 주변에 양호한 도로, 운하, 운항 가능한 하천이 있을 경우 토지생산물을 운반하는 데 드는 비용 절감의 효과를 기대할 수 있기 때문에, 교통이 좋은 곳에 위치한 토지에 대해서는 당연히 지주가 토지를 임대함으로써 기대하는 이익 또한 높아 지대도 높게 책정될 수 있다는 것이다.

지대의 결정 요인 또는 지대의 인상 요인과 관련하여 스미스 가 가지고 있었던 생각은 오늘날에도 매우 친숙한 것이다. 토 지의 비옥도가 토지로부터 나오는 생산물의 양을 결정할 경우, 토지 소유자가 자신의 토지를 임대하는 대가로 비싼 지대를 요 구할 것이라는 점은 상식적인 일이고, 더 나아가 토지 주변에 새로운 도로 등이 개통되면서 교통 여건이 개선될 경우, 그것 을 대가로 더 많은 임대료를 요구하는 경우를 종종 볼 수 있기 때문이다. 흥미로운 점은 스미스가 지대를 결정하고 인상시키 는 다양한 제 요인들에 대한 상세한 설명을 제시하면서, 지대 의 인상이 곧 사회 상태의 진보와 일치하는 경향이 있다고 결 론 내린다는 점이다. 스미스는 이와 관련하여 "사회 상태의 진 보는 어느 것이나 직접적으로든 간접적으로든 토지의 진실 지 대를 인상시키고, 지주의 진정한 부, 즉 타인의 노동과 타인의 노동생산물에 대한 그의 구매력을 증진시키는 경향이 있다"(『국 부론』(상, 하), 318쪽)라고 서술한다. 임차인이 토지를 개량하고 개간하여 토지의 비옥도를 올렸을 경우, 이는 분명 토지 생산성을 높이는 하나의 진일보한 성과이지만, 이로 인해 지주에게 돌아가는 몫도 커지며, 지대도 인상된다는 것이다. 그 외에도 스미스는 사회 전반적으로 생산성이 향상되어 노동인구가 증가하거나 노동 생산성 향상으로 인해 제조업의 생산물 가격이 전반적으로 하락할 경우 등등 사회의 전반적인 진보적 상태를 나타내는 모든 경우는 직간접적으로 지대의 인상에 영향을 미치고, 이는 지주 계급에게 돌아가는 몫을 높인다고 주장한다. 사회의 부가 증진하는 상태에서는 유용노동인구도 증가하게 되고, 이 유용노동인구의 증가는 결국 이들을 먹여 살릴 식량 소비의 증가를 의미할 것이기 때문에, 그리고 토지 개량에 요구되는 각종 도구의 개선 또한 토지 생산성을 높임으로써 이로부터 나오는 이득 또한 지주의 몫으로 귀착될 것이기 때문이다. 이런 이유에서 스미스는 지주 계급에 대해 다음과 같은 양가적인 판단을 내리고 있다.

스미스에 의하면 첫째, 지대의 상승을 불러오는 모든 요인이 곧 사회의 전반적인 부의 증가와 일치하는 경향에 입각하여 지주 계급의 이익은 사회 일반의 이익과 불가분의 관계에 있다. 둘째, 자본가나 노동자와는 달리, 지주 계급은 "세 계급 중에서 스스로 노동도 하지 않고, 조심도 하지 않으면서 마치 저절로 굴러 들어오는 것처럼, 자신의 의도, 계획과는 무관하게 자신의 수입을 얻고 있는 유일한 계급"[『국부론』(상, 하), 320~321쪽]이다.

　토지의 지대와 관련한 긴 서술을 끝으로 스미스는 자본주의 생산양식을 이루는 세 계급에 대해 다음과 같이 결론 내린다. 지주 계급의 이익이 사회의 일반적 이익과 합치하는 것처럼 노동자 계급의 이익 또한 사회의 일반적 이익과 합치한다. 왜냐하면 "노동자의 임금은 … 노동 수요가 지속적으로 상승할 때, 즉 고용되는 양이 매년 현저히 증가할 때 가장 높은"[『국부론』(상, 하), 321쪽] 반면, "사회의 진정한 부가 정체될 때에는 노동자의 임금도 가족을 겨우 부양할 수 있는 수준 또는 노동자의 종족을 겨우 유지할 수 있는 수준으로 인하"(『국부론』, 321쪽)되기 때문이며, 특히 "사회가 쇠퇴할 때에는 노동자의 임금은 그 이하로 내려가 … 노동자보다 더 고통받는 계급이 없을 것"[『국부론』(상, 하), 321쪽]이기 때문이다. 이런 서술 끝에 스미스는 "지주 계급이 자신들의 편안하고 안락한 생활 여건이 가져다준 나태함으로 인해 국가정책의 결과를 예견하거나 분석할 수 있는 통찰력을 갖지 못하듯, 노동자 계급 또한 그들이 처해 있는 열악한 생활 상태로 인해 그들의 이익이 사회의 이익과 밀접하게 연관되어 있음에도 사회의 이익을 파악할 수도 없고, 자신의 이익과 사회의 이익 사이의 관계를 인식할 수도 없다"(『국부론』, 321쪽)라고 진단한다. 그렇다면 자본가 계급은 스미스의 견해에서 어떻게 평가되고 있을까?

스미스는 지대로 살아가는 제1계급인 지주, 그리고 임금으로 살아가는 제2계급인 노동자와 달리, 고용주로 구성된 제3의 계급, 즉 이윤으로 살아가는 자본가 계급을 구분한다. 그리고 이들 제3계급의 이익은 앞선 제1, 2계급과 달리 사회의 이익과 그들 자신의 이익이 합치하지 않는 계급이라고 규정한다. 왜냐하면 이들의 경우 "모든 의도, 계획이 지향하는 궁극목적이 이윤"이기 때문이다. 스미스는 이들은 "사회의 이익보다 자신의 특수한 사업상의 이익을 더 많이 고려하므로, 그들의 판단은 가장 공평한 경우에도 사회의 이익보다는 자기 계급의 이익을 더 많이 고려하고 있다"[『국부론』(상, 하), 322쪽]라고 서술한다. 지주나 노동자와 달리, 상인과 공장주로 이루어진 이 제3계급은 공공의 이익보다 그들 자신의 이익에 더 밝기 때문에, 스미스는 이들이 심지어 사회를 억압하고 기만하는 방식으로까지 자신들만의 이익을 추구하는 계급이라고 진단한다. 이런 근거에서 스미스는 이 제3의 계급이 제안하는 "어떤 새로운 상업적 법률, 규제들에 대해서는 항상 큰 경계심을 가지고 주목해야 하며, 그것들을 매우 진지하고 오랫동안 신중하게 검토하여 채택하라"[『국부론』(상, 하), 323쪽]라는 조언도 덧붙이고 있다.

이렇게 본다면, 스미스가 지주에 대해 가하는 일련의 부정적 평가들, 그리고 자본가 계급에 대해 스미스가 내리는 비판적 견해는 꽤 설득력 있는 것으로 보인다. 사회의 부가 증진하는 것을 진보의 유일한 표식으로 간주하는 스미스의 입장에서는 설령 지주가 아무런 노동을 하지 않고서도 토지로부터 발생하는 이익의 대부분을 지대로 착복한다고 하더라도, 더 많은 지대를 거둬들일 수 있는 여건이 곧 사회적 발전과 함께 하기 때문이며, 다른 한편으로는 자유로운 시장경제를 옹호하는 스미스의 입장에서 오직 이윤추구의 동기 하나만으로 움직이는 자본가 계급이 사회의 발전과 진보에 언제든지 상충할 수 있다는 우려를 엿볼 수 있기 때문이다.

마르크스는 스미스가 지대와 관련해 제공한 분석과 서술들을 지대단 전반부에서 충실하게 발췌한 후, 토지 소유자의 이해관계가 사회의 이익에 부합한다는 스미스의 결론과 관련하여 두 가지에 초점을 두고 지대에 대한 자신의 견해를 피력한다. 마르크스에 의하면 ① 토지 소유자의 이해는 결코 사회 전체의 이익에 부합하지 않는다. 토지 소유자는 스미스가 언급한 나머지 두 계급에 대해서뿐만 아니라 사회 전체의 이익에 대해서도 적대적인 관계를 맺고 있다. 이보다 더 중요한 사실은 ② 토지의 자본주의적 소유 형태는 토지에 대한 봉건적 소유 형태와 결코 동일하지 않기 때문에, 지대에 대한 논의 또한 이 두 가지 소유 형태를 근거로 삼아야 한다.

① 마르크스는 "그러나 이제 스미스가, 토지 소유자가 사회의 모든 이익들을 착취한다는 점으로부터 토지 소유자의 이해관계가 사회의 이해관계와 항상 동일하다는 결론을 끌어낸다면, 그렇다면 그것은 어리석은 짓이다"라고 서술한다. 토지 소유자가 자기 소유의 토지로부터 많은 지대를 거둬들인다는 것은, 그 토지와 관련된 다른 누군가가 그만큼 손해를 보거나 고통을 당한다는 것과 동일할 것이기 때문이다. 마르크스는 이를 고리

대금업자와 낭비하는 사람의 관계에 비유하여, 고리대금업자의 이해관계가 낭비하는 사람의 이해관계와 반드시 일치하는 것은 아니라고 덧붙인다. 이런 맥락에서 마르크스는 토지 소유자가 사회의 부의 증대에 흥미를 갖는다는 것, 그리하여 한 사회의 부가 증대하는 것은 다른 한편으로는 그에 상응하는 빈곤과 노예 상태가 증대하고 있음을 반영한다고 본다. 스미스의 관점에서 누군가 소유한 토지 또는 건물 주위에 전반적인 개선과 개량이 이루어진 것은 비싼 지대를 요구할 근거가 되며, 또 이는 사회 전체적인 차원에서 분명 진보의 표식이다. 그러나 마르크스는 어떤 지주나 건물주가 거둬들이는 비싼 지대와 임대료는 토지나 건물을 갖지 못한 사람들이 부담해야 할 집세와 지대의 상승을 뜻한다고 못 박는다. "사적 소유의 지배하에서 어떤 한 사람이 사회에 대해 갖는 이해관계는 사회가 그에 대해 갖는 이해관계와 정확하게 반비례"한다는 것이며, 이와 동일한 맥락에서 토지 소유자의 이해관계 또한 임차인의 이해관계와 항상 적대적일 수밖에 없다.

마르크스는 국민경제학자들의 논의 속에서도 지주가 사회 내 여타의 계급들과 갖는 적대적 관계가 공공연하게 드러나 있다고 비판한다. 예컨대 스미스를 포함한 국민경제학적 입장은 토지를 임대한 임차인의 경우, 토지를 소유한 지주가 임대한 토지의 생산성이 높다는 이유를 들어 지대를 올리면, 임차인은 그가 고용한 노동자들의 임금을 줄이려 할 것이며, 노동 생산성이 높아져 제조업 생산물의 가격이 하락할 때에도 토지 소유자는 토지 생산성이 높다는 이유 때문에 더 높은 지대를 요구할 것이기 때문에, 이것이 또다시 임금의 하락을 불러온다는 것이다. 이에 대해 마르크스는 지주의 이해관계가 사회 전체의 이해관계와 일치하기는커녕, "임차인, 머슴, 제조업 노동자 그리고 자본가들의 이해와 적대적으로 대립"한다고 주장하며, 이러한 적대 관계는 경쟁을 근간으로 삼는 자본주의 경제체제 내에서 토지를 소유한 지주들 사이에서도 공공연하게 드러난다고 간주한다. 대자본가가 소자본가보다 모든 면에서 우위를 점하는 가운데 소자본가를 대자본 속으로 편입하여 집어삼키듯, 경쟁의 체제 속에서는 단연 대토지 소유자가 소토지 소유자에 비해 경쟁의 모든 면에서 유리한 고지를 점하게 됨으로써 나머지 소토지를 합병하여 대토지 소유자의 반복적인 축적을 불러온다는 것이다. 마르크스는 이를 두고 "동일한 자본의 경우, 생산성이 높은 대토지 소유자가 승리한다"라고 서술한다.

　② 그런데 경쟁의 모든 면에서 대토지 소유자가 선점하고 이를 통해 더 많은 토지가 대토지 소유자의 수중으로 떨어진다는 것은 사적 소유가 지배하는 자본주의 경제체제 내에서 어떤 의미를 갖는가? 마르크스는 여기에서 봉건적 토지 소유와 자본의 지배 아래 재편된 토지 소유의 형태를 비교하고 있다. 임차인이 토지 소유주에게 지대를 지불하는 것은 결코 자본주의적 토지 소유의 형태에만 국한되지 않는다. 우리가 알고 있는 것처럼 봉건적 토지 소유의 형태에서도 토지 소유자인 봉건 귀족들은 농노들에게 다양한 형태의 지대를 요구해 왔다. 마르크스가 서술하듯, 봉건적 토지 소유의 형태하에서 "농노는 토지의 부속물"이었으며, 그 때문에 봉건적 형태로 사유화된 토지는 "인간에게 군림하는 낯선 힘"으로 간주되었다. 토지가 특정 소수 지배 계급의 소유물이라는 점에서 봉건적 형태의 토지 소유 또한 토지에 대한 사적인 소유라는 점에서 자본주의적 사적 소유와 크게 다를 바 없었다. 이런 점에서 마르크스는 "일반적으로 토지 소유와 더불어 사적 소유의 지배가 시작되며, 토지 소유가 사적 소유의 토대"라고도 서술한다.

그럼에도 불구하고 마르크스는 봉건적 형태의 토지 소유는 자본주의적인 토지 소유와 몇 가지 점에서 구별된다고 주장한다. 예컨대 봉건적 형태의 토지 소유에서 토지는 그 토지를 소유한 소유자의 인격과 구별되지 않으며, 이 토지에 귀속된 농노 또한 영주의 소유물로서, 소유자과 피소유자 간에는 인격적인 관계가 형성되어 있었다. 달리 말해 봉건적 형태의 토지 소유에서는 토지에 영주령, 백작령, 남작령과 같은 이름이 부여되며, 토지가 특정인들의 가문이자 인격으로 표상될 뿐만 아니라, 토지와 함께 영주의 부속물로 간주된 농노 또한 영주에 대한 "경외와 충성, 의무"의 관계 속에 있었다는 점이다. 마르크스가 "토지 소유의 귀족적 상태"라고 명명한 봉건적 토지 소유는 소유자와 피소유자의 예속적 관계에 기초해 있지만, 이 예속적 관계를 매개하는 토지는 최대한의 지대를 뽑아낼 수 있는 단순한 물적 토대가 아닌, 그 소유자의 인격을 대리하는 것으로 간주되었다는 것이다.

이에 반해 자본주의적 토지 소유는 봉건적 형태의 토지 소유에 내장된 모든 종류의 인격적 예속을 해체하고, 토지에 각인된 소유자의 얼굴을 걷어 내 버린다. 토지와 함께 그 소유자의 부속물로 인식되던 농노를 대신하여 자신의 노동력을 자유롭게 처분하고, 소유자와 외관상 대등한 위치에서 토지 임대와 매매의 조건을 논할 수 있는 사람들이 등장한다. 토지는 더 이상 영주와 농노를 이어 주는 친밀한 관계의 매개로 표상되지 않으며, 단지 물적 거래의 대상이자 최대한의 이득을 창출할 수 있는 원천으로만 간주된다. 그 어떤 토지도 특정인의 소유였음을 나타내는 인격적 잔해를 지니고 있지 않기에, 봉건적 토지 소유 형태에서 토지에 드리워졌던 모든 종류의 가상들이 자본주의적 토지 소유 형태에 이르러 해체되고 파괴된다. 과거에 존재했던 인격적 예속 및 의존관계의 해체로 인해 토지에 부속된 농노들은 자유롭게 노동력을 판매할 수 있는 주체로서 등장하지만, 자신의 삶의 터전이자 생활수단을 제공했던 토지로부터 완전하게 분리된 채, 근대적 형태의 토지 소유자에게 자신들의 노동력을 판매하지 않으면 살아남을 수 없는 노동자로 전락하게 된다. 봉건적 토지 소유의 가상이 완전히 지양되고, 인간이 토지와 맺었던 이전 관계들이 전적으로 새로운 관계로 전환되는 것, 그리고 이를 통해 인간과 토지 사이에 낯설고 이질적인, 사물적이면서 금전적인 관계가 들어서는 것이야말로 봉건적 토지 소유와 자본주의적 토지 소유가 갖는 질적인 차이점인 셈이다. 토지의 대규모 상품화를 동반하는 자본주의적 토지 소유에는 토지를 매개로 한 차갑고 이기적인 금전 관계 이외에는 어떤 것도 더 이상 남아 있지 않게 된다. 마르크스는 토지의 대규모 상품화와 결부된 자본주의적 토지 소유에 대해 「제1분책」 지대단의 후반부에서 아래와 같이 서술하고 있다.

"이러한 가상이 지양되는 것, 사적 소유의 뿌리인 토지 소유가 완전히 사적 소유의 운동 속으로 빨려 들어가서 상품이 되는 것, 소유자의 지배가 사적 소유의 순수한 지배로, 자본의 순수한 지배로, 모든 정치적 색조로부터 벗어난 채로 현상하는 것, 소유자와 노동자 사이의 관계가 착취자와 피착취자 사이의 국민경제학적 관계로 환원되는 것, 소유자의 그의 소유와의 모든 인격적 관계가 종식되고 그것이 오로지 물적인, 물질적인 부와의 관계로 되는 것, 이해관계에 따른 결혼이 토지와의 명예 결혼을 대신하고, 땅이 인간과 마찬가지로 거래가치로 전락하는 것이 필요하다 … 따라서 중세의 속담, 영주 없이 농토 없다 대신에 근대의 속담, 돈은 주인이 따로 없다가 생겨나는데, 이 속담에는 죽은 물질의 인간에 대한 완전한 지배가 표현되어 있다."

　결국 토지 소유자들 간 지대를 둘러싼 경쟁을 통해 소토지 소유자들이 몰락하고 그들의 토지가 대토지 소유자들의 소유로 병합, 축적되는 것, 그리하여 최종적으로는 대토지 소유자들의 승리로 끝난다는 것은, 마르크스의 서술에 따르면, "토지 소유의 대부분이 자본가들의 수중으로 떨어지고 자본가가 동시에 토지 소유자가 되는 결과를 낳으며", 따라서 궁극적으로는 토지 소유가 전반적으로 상업화, 산업화되는 과정과 동일하다는 것을 의미한다. 이렇게 본다면 보다 엄밀한 의미에서 사적 소유가 지배하는 자본주의적 생산관계에서는 국민경제학자들이 생각하는 것처럼 자본가, 노동자, 지주라는 세 개의 계급이 존재하는 것이 아니다. 마르크스는 대토지 소유로의 집중과 축적이 가져온 "최종적 결과는 따라서 자본가와 토지 소유자 사이의 구별의 해소이고, 따라서 그 결과 완전히 두 계급의 주민, 즉 노동자 계급과 자본가 계급만이 존재"하는 것이라고 강조한다.

스미스를 비롯한 국민경제학자들이 애써 간과하고 있는 사실은 교환가치가 전면화된 자본주의 사회에서는 지주란 결국 자본가의 다른 이름에 불과하다는 점이며, 이로부터 산업화되고 상품화된 토지 소유가 초래한 비인격적 관계 속에서 자유롭게 노동력을 판매할 수 있는 노동자들의 근대적 소외가 전면화된다는 점이다. 그리고 마르크스는 이 소외의 전면적인 지양이, 사회적 부의 증진만을 맹목적으로 예찬하거나, 자유시장이 가진 장점에 눈이 먼 스미스식의 해법에서 찾아지는 것이 아니라, 오로지 더 이상 지배와 예속의 관계에 기반하지 않는 평등한 인간들이 토지와의 친근한 관계를 회복하고, 토지를 흥정 거래나 치부의 대상으로 간주하는 데서 벗어나, 자유로운 노동과 향유를 통해 인간의 진정한 인격적 소유로 전환시킬 때에만 가능하다고 주장한다.

3) 노동의 소외 또는 소외된 노동

마르크스는 〈소외된 노동과 사적 소유〉라는 제목이 달린 글에서 임금, 자본의 이득, 지대에 대한 국민경제학적 견해에 대한 비판적 고찰의 귀결을 다음과 같이 집약한다. 마르크스는 임금에 대한 국민경제학적 서술과 분석은 우리에게 "노동자가 상품으로, 그것도 가장 비참한 상품으로 전락한다는 것, 노동자의 빈곤이란 노동자가 행하는 생산의 힘과 크기에 반비례한다는 것"을 보여 준다고 결론짓는다. 또한 자본의 이득에 대한 국민경제학자들의 이해로부터 마르크스는 우리가 자본주의적 "경쟁의 필연적 결과가 소수의 수중으로의 자본의 축적과 독점의 재현"임을 적나라하게 확인할 수 있을 것이라 단언한다. 마지막으로 마르크스는 지대에 대한 국민경제학자들의 분석이 우리에게 자본주의적 토지 사유화의 진전에 근거하여, "경작자와 제조업 노동자의 구별이 사라지는 것과 꼭 마찬가지로 자본가와 지대 생활자 사이의 구별이 사라지고, 사회 전체가 **소유자**와 무소유 **노동자들**이라는 두 개의 계급으로 분할될 수밖에 없다"라는 사실을 보여 준다고 지적한다. 스미스와 세의 국민경제학적 이론 내에서 논의되는 임금, 자본의 이득, 지대에 대한 분석으로부터 마르크스가 끌어내는 궁극적 귀결은, 이들이 사적 소유 형성에 대한 아무런 역사적 의식 없이 자본주의 상품 세계를 주어진 그대로 수용하고 있다는 점이며, 이 세계 속에서 노동자는 가장 비참한 상품으로 전락한다는 사실이다. 소외란 노동자가 자신의 노동을 통해 산출된 사물 세계의 지배 아래 놓이게 되는 현상을 지칭하는 개념으로서, 그간『경제학–철학 초고』전체를 대표하는 용어로 자리 잡아 왔던 '노동의 소외 Entfremdung der Arbeit'에 대한 마르크스의 논의를 여기에서야 비로소 만나게 된다.

노동의 소외 또는 소외된 노동에 대한 마르크스의 논의를 따라가기 전에 우리는 먼저 마르크스가 사용하는 소외 개념의 철학사적 맥락을 짚어 보고자 한다. 소외 개념은 마르크스가 창안해 낸 독자적인 개념이 아니며, 마르크스는 그의 선행자들이 사용했던 이 용어를 자본주의 사회 분석을 위한 사회경제적 영역으로 확장하고 있기 때문이다.

마르크스가 여기에서 제시하는 소외의 개념은, 마르크스 이전에 헤겔과 포이어바흐에 의해 이미 철학적 개념으로 자리 잡고 있던 것이다. 어원적으로 살펴보았을 때, '소외'는 라틴어 'alienatio' 또는 영어의 'alienation'을 독일어로 옮긴 것으로서, 이 용어는 본래 '양도하다' 또는 '넘겨주다'라는 의미로 통용되었다. 원래 나에게 속했던 '어떤 것'을 타인에게 넘겨주는 것을 뜻하는 말이었던 것이다. 주로 물건의 매매나 계약에서 일상적으로 사용되었던 소외의 개념은 특히 19세기 헤겔 철학에 이르러 대단히 중요한 철학적 의미를 갖는 것으로 격상되었다.

관념론자인 헤겔은 이 소외, 또는 외화[13]를 자기운동하는 정신의 활동적 산물로 파악한다. 헤겔 철학 내에서 정신은 자신의 자유를 구체적으로 실현하기 위해, 끊임없이 자기 자신을 펼쳐내는 활동을 수행한다. 이 활동을 통해 정신을 자기 자신을 대상화 또는 객관화하게 되는데, 정신의 객관화 또는 대상화를 통해 산출된 정신의 타자가 곧 자연이다. 이 때문에, 헤겔의 관점에서 자연은 정신의 활동을 통해 산출된 정신의 외화 또는 소외태, 즉 '소외된 정신의 세계'로 규정된다. 헤겔은 정신의 자기활동을 통해 산출된 자연 세계가 정신과 맞서 있는 이

---

13 우리말 '소외'로 번역되어 사용되고 있는 독일어는 'Entfremdung'이며, 이와 비슷한 의미를 갖는 단어로는 Entäußerung이 있다. 후자의 개념은 '외화'라고 번역, 사용되고 있다. 『경제학-철학 초고』에서 마르크스는 '소외'와 '외화'를 엄밀하게 구별하여 사용하고 있지는 않지만, 마르크스에게서 이 개념은 인간이 형성한 산물, 인간 자신의 활동들이 인간 자신과 멀어지고 소원해진다는 부정적인 의미를 강하게 띄고 있다. 『경제학-철학 초고』에서 마르크스가 사용하고 있는 소외 또는 외화란 인간이 자신의 활동을 통해 산출한 자신의 산물, 즉 인간의 대상적 산물이 인간 자신에게 귀속되지 못하고, 인간 자신의 것으로 향유되지 못한 상태로서, 박탈과 상실이라는 부정적 의미를 노정한다.

상황 또는 정신과 자연이 맞서 있는 이 관계를 정신의 자기 소외, 정신의 외화로 이해한다. 정신은 자신의 타자인 자연세계를 개념적으로 파악하는 활동을 통해 다시 자기 자신에게 복귀하고 이 과정을 통해 좀 더 구체적이고 자유로운 정신으로 고양된다. 이 때문에 헤겔 철학에서 정신의 소외 또는 외화란, 정신이 자기 자신을 부정하는 활동을 통해 자신의 타자를 산출하고, 이 타자로부터 다시 자기 자신에게로 복귀하여 자신의 자유를 확충하는 일련의 과정 속에서 필연적인 계기를 형성하는 것으로 간주된다. 소외의 개념에 깃들어 있는 '낯섦' 또는 '이질성'이란 정신과 정신의 산물인 자연이 상호 대립적으로 맞서 있는 현상을 지칭한다. 정신의 자기복귀란 정신이 자연을 자기 자신의 활동적 산물로서 파악하고 이를 통해 자연세계를 개념적으로 파악하는 정신의 활동적 과정을 총칭한다고 이해할 수 있다. 간략히 말해 헤겔에게 소외가 발생하는 원인은 정신의 자기 활동성에 근거한다. 정신은 자신을 외부로 펼쳐 냄으로써 자기 자신을 타자화하고, 이 타자 속에서 자기 자신을 재발견하는 논리적 운동을 통해 다시 자기에게로 복귀한다. 외화는 정신의 자기복귀를 위한 필수적 계기로 상정되며, 소외나 외화는 정신의 자기 활동성이라는 관념적 층위에 국한되어 사용된다.

반면 헤겔 관념철학에 대한 비판자이자 유물론자였던 포이어바흐는 헤겔이 사용한 소외의 개념을 종교비판의 준거로 활용한다. 포이어바흐에 의하면 기독교의 신이란 인간 전체의 본질, 즉 유적 존재의 개념을 인간 외부로 투사한 것이다. 신이란 인간의 본질이 외부로 투사된 인간의 산물이라는 것이다. 포이어바흐는 기독교의 신이란 인간을 인간으로 규정짓는 인간 전체의 속성, 즉 마음, 의지, 사유라는 세 가지 유적 속성과 다를 바 없다고 본다. 문제는 인간의 유적 속성이 객관화되어 형성된 이 신이 인간 자신의 피조물이자 인간의 창조물임에도 불구하고, 오히려 이 사실이 전도되어 인간이 신의 피조물로 간주된다는 점이다. 포이어바흐는 신과 인간의 이 전도된 현상을 가리켜, 인간이 자신의 유적 속성으로부터 소외되어 있다고 지적한다. 간략히 말해 포이어바흐에게 소외란 인간이 신을 창조해 냈으나, 다시금 신을 이 세계의 창조자로 만듦으로써 인간이 자신의 본질적인 유적 속성으로부터, 즉 인간 전체를 아우르는 유적 속성으로부터 멀어져 낯설고 이질적인 상태로 대면하고 있는 현실을 지칭한다.

헤겔의 소외 개념이 관념적 층위에 머물러 인간의 구체적이고 실제적인 삶이 영위되는 현실과 유리된 사변적 소산에 불과하다면, 포이어바흐의 소외 개념 역시 인간이 종교의 노예가 된 구체적인 현실에 대한 분석을 결여하고 있다는 점에서 일면적이기는 마찬가지다. 1845년에 집필한 「포이어바흐에 관한 테제」에서 마르크스는 인간의 사회적 삶과 경제적 현실을 도외시한 채 '인간의 유적 본질'이라는 추상적 인간에만 주목한 포이어바흐를 두고, "포이어바흐는 종교적 본질을 **인간적** 본질로 해소한다. 인간의 본질은 개별적 개체에 내재하는 추상물이 결코 아니다. 그 현실에 있어서 인간 본질은 사회적 관계의 총체이다"(「포이어바흐에 관한 테제」 중 제6테제)라고 서술한다. 중요한 문제는 인간 전체를 아우르는 인간의 규정이, 개별 인간들이 발 딛고 살아가는 사회적, 경제적 삶 속에서 구체적으로 어떤 모습을 띠고 있는가를 아는 것이다. 종교적 소외란 이 사회적, 경제적 삶으로부터 발생하는 다양한 현상 가운데 하나일 뿐, 그것만으로 사회적, 경제적 삶 전체를 설명할 수 없다. 이런 점에서 마르크스는 인간이 현실 생활 속에서 겪는 소외 또한, 그가 어떤 사회적 여건 속에서 살아가고 있는지, 더 나아가 그가 생활하는 사회적 여건이 구체적으로 어떤 경제적 여건을 전제로 삼고 있는지를 알아야 한다고 본다.

마르크스가 노동 소외를 서술하기 전에 국민경제학의 이론에 대한 발췌와 이에 대한 논평을 전제한 것은, 무엇보다도 먼저 국민경제학자들에 의해 분석된 자본주의가 그들이 주장하듯 '보이지 않는 손'에 의해 조정되며 의도치 않은 사회적 조화를 이뤄 내는 긍정적인 경제체제도 아니요, 모든 역사를 관통하는 탈역사적이고 합리적인 경제체제일수도 없다고 보기 때문이다. 사회 구성원들 대다수가 노동 속에서 비인간적인 착취와 소외에 내몰려 있는 자본주의 사회는 마르크스가 보기에 국민경제학자들이 주장하는 것과 달리 인류가 도달한 최고로 진보한 문명적 상태라는 점에서도 동의될 수 없는 것이었다. 마르크스는 이 소외가 인간이 처해 있는 사적 소유의 상태와 무관할 수 없고, 소외의 제 양상이 자본주의적 소유 형태와 불가분의 관계를 맺고 있다고 주장한다. 그가 보기에 소외란, 사회적 연관, 즉 인간 상호 간에 맺어지는 사회적 관계의 한 형식이며, 이 같은 사회적 조건에 의해 인간의 삶과 노동조건과 그들의 생산과 인간관계가 소외된 형태로 나타난다. 따라서 소외란 헤겔처럼 정신의 자유를 확증하기 위한 계기도 아니요, 종교적 영역에 국한된 지엽적 현상이 아니라, 특수한 사회·역사적 조건하에서 나타나는 특수한 현상으로 이해되어야 한다. 이러한 확신을 전제로 마르크스는 생산수단이 사적으로 소유된 자본주의적 생산양식 속에서 인간의 노동이 어떤 양상을 보이는지 서술한다.

마르크스에 따르면 자본주의적 생산양식이 일반화된 사회 속에서 인간은 노동을 통해 자기를 긍정하고 실현하기보다는, 다시 말해 노동 자체를 인간 삶의 목적으로 삼아, 노동을 통해 자신을 인간적 존재로 실현하기보다는 오히려 노동을 그날그날의 연명을 위한 생존의 수단으로 간주함으로써, 인간 자신의 인간적 본질을 왜곡하기에 이른다. 사적 소유, 분업, 교환, 경쟁과 독점 등등 자본주의 경제 아래에서 발생하는 이러한 현상들을 주어진 전제이자 사실로서 고찰하는 국민경제학은 우선 왜 이런 현상들이 나타나는가를 정확하게 통찰할 수 없으며, 이 현상들이 불러온 부정적 결과에 대해 맹목적일 수밖에 없다. 이 때문에 자본주의를 하나의 자연필연성으로, 다시 말해 자연의 법칙처럼 당연한 사실로서 전제하는 입장에서는 노동의 소외 또한 자본주의 사회에서 나타나는 어쩔 수 없는 현실로서 받아들여질 수밖에 없다. 이러한 맥락에서 마르크스는 "국민경제학은 사적 소유라는 사실로부터 출발"하면서도 왜 사적 소유로부터 출발하는지, 사적 소유가 함의하는 바가 무엇인지에 대해 설명하지 않는다고 비판하는가 하면, **"국민경제학은 노동자(노동)와 생산 사이의 직접적인 관계를 고찰하지 않음으로써 노동의 본질 내부의 소외를 은폐한다"**라고 적는다.

사적 소유를 그들 이론의 출발점으로 전제해 버림으로써 국민경제학은 사적 소유하에서 발생하는 제 현상들을 근본적으로 인간이 가지고 있는 **"소유욕, 그리고 소유욕을 가진 사람들 사이의 전쟁, 즉 경쟁"**으로 귀착시킨다. 이 때문에 마르크스는 국민경제학자들이 '노동이 부자들을 위해서는 기적을 생산하지만 노동자를 위해서는 궁핍을 생산한다는 것을, 노동이 궁전을 생산하지만, 노동자를 위해서는 움막집을 생산한다는 것을, 또한 노동이 미를 생산하지만 노동자를 위해서는 불구를 생산한다는 것'을 알지 못한다고 비판한다. 국민경제학자들의 눈에 비친 현실 속에서 노동의 소외는 결코 존재할 수 없다는 것이다.

그들에게 사적 소유하에 노동자가 처해 있는 현실은 지엽적이
거나 부차적으로만 다뤄질 뿐이다. 마르크스가 「제1분책」 말미
에서 서술하고 있는 노동의 소외 또는 소외된 노동은, 주어진
현실을 있는 그대로 인준하는 국민경제학에 대한 비판의 결과
로서, 자본주의적 생산양식이 인간의 본질을 어떻게 왜곡시키
는가를 비판적으로 드러낸다.

　우리는 마르크스의 이와 같은 서술을 이해하기 위해, 우선 마
르크스가 인간과 노동의 관계를 어떻게 설정하고 있는지 살펴
볼 필요가 있다. 마르크스의 관점에서 모든 인간은 그가 사유
하는 존재로서 정신적 존재 또는 이성적이고 합리적인 존재이
기 이전에 자기 자신의 생존을 위해 자신의 생활수단들을 생
산하지 않으면 안 되는 존재다. 즉 인간은 자신의 욕구를 충족
시키기 위해서 부단히 자연에 의존하고 자연의 일원으로 행위
하면서, 자연으로부터 자신의 삶을 유지하기 위한 각종 생활의
수단들, 그리고 이 생활수단들을 생산하기 위한 도구들을 만드
는 존재다. 마르크스는 인간이 가진 이와 같은 특징을 『독일 이
데올로기』에서 "인간은 생활하기 위해서 그 자신들의 생활수단
들을 생산하지 않으면 안 된다"라는 명제로 제시하고 있다. 이

는 인간이 동물적 욕구를 가진 자연 존재의 일원인 한 필연적인 일이다. 이때 인간은 자연을 삶의 터전으로 삼음으로써, 그의 근육, 힘, 지력, 육체적 에너지를 통해 자연을 변형하게 되고, 이 변형된 자연을 자신의 산물로 삼는 과정에서 자신의 존재를 확증한다. 마르크스는 노동이 인간에게 본래적으로 고되고 기피되어야 할 부정적 활동이 아니라, 자연과의 관계 속에서 자연을 변형함과 동시에 인간 자신의 변형을 가져오는 긍정적 활동이라고 주장한다. 인간이 가장 저차원적인 동물적 욕구 충족을 위한 활동의 단계로부터 자연산물에서 미적인 가치를 추구하는 보다 고차적인 활동을 수행할 수 있는 단계로 고양되는 것 또한 인간과 자연을 매개하는 노동이 없으면 불가능하다는 의미에서다. 이러한 맥락에서 노동은 인간을 자기 보존적 욕망을 추구하는 동물적 존재로부터 자신의 삶을 보다 보편적이고 아름답게 가꾸면서 인간으로서의 자신의 본성을 실현해 가는 존재로 고양시키는 가장 중요한 활동이다. 인간은 사회적 생산 과정에서 물적 세계를 실천적으로 창조하는 과정을 통해 자기 자신을 확증하고 긍정한다. 인간이 노동을 통해 생산한 산물은 곧 인간에게는 또 다른 자기 자신을 의미하는 것으로서, 노동이란 인간의 자기표현이자 자기확증의 활동인 셈이다.

노동에 대한 이와 같은 긍정적 이해를 전제로 마르크스는 자본주의적 생산양식 아래에서 인간에게 노동이 어떻게 왜곡되고 변형되어 나타나는지 비판한다. 생산수단이 소수에 의해 독점적으로 점유되어 있는 자본주의 사회에서, 생산수단을 갖지 못한 대다수는 오직 노동을 통해서만 자기 자신의 삶을 보존하고 유지할 수 있다. 소수에 의한 생산수단의 사적 독점과 점유란, 인간에게 삶의 터전이었던 자연을 소수가 독점하고 점유하게 되었다는 것과 동일한 것이다.

물론 마르크스는 생산수단의 사적 소유가 일반화된 자본주의 사회가 어떤 역사적 과정을 통해 형성되었는가를 분석한다. 이 분석은 잘 알려져 있다시피 『자본』의 본원적 축적 장에서 상세하게 서술되어 있다. 거기에서 마르크스는 자본이 탄생한 역사적 과정을 국가권력이 동원된 폭력적 수탈의 과정으로 고증하면서, "자본주의가 그 탄생에서부터 머리에서 발끝까지 피와 오물을 뒤집어 쓰고 나왔다"라는 말로 요약한다. 국가권력이 동원된 폭력적인 수탈의 과정에서 자연을 삶의 터전으로 삼고 있던 대다수의 사람들이 그들의 생산수단을 빼앗기고 노동력을 판매함으로써 하루하루를 연명해야만 하는 임금노동 자로 전락하게 된 이 역사적 현실을 마르크스는 '자본의 원시 적 축적'이라고 부른다. 이 원시적 축적을 통해 귀결된 현실 속 에서 노동은 인간에게 더 이상 자기를 긍정하는 본래적 활동이 되지 못한 채, 단지 생존을 위한 수단적 성격을 갖는 것으로 전 락하고 만다. 사적 소유의 지배 아래에서 대다수 인간은 자신 의 생존을 일굴 수 있는 자연으로부터 방출되어, 자기 자신을 확증하는 노동산물에 대한 지배권을 상실하고 만다. 사적 소유 의 지배 아래에서 대다수의 노동자가 생산한 산물은 노동자 자 신의 자기확증이자 자기표현이 아니라, 노동자에 대립하는 어 떤 낯설고 이질적인 것, 또는 그것을 생산한 생산자와 독립된 힘으로 현상하게 되는데, 이는 그가 생산한 산물이 그 자신에 게 귀속되는 것이 아니라, 생산수단을 소유하고 있는 자에게로 귀속되기 때문이다. 생산물에 대한 생산자의 힘의 상실은 오히 려 생산물에 대한 비생산자의 힘을 강화시켜 주는 기제로 전도 된다. 마르크스는 이러한 일련의 현상을 '노동의 소외 또는 외 화'라는 개념으로 압축하면서 이 양상을 네 가지로 서술하고 있다. 노동생산물로부터의 소외, 노동 과정으로부터의 소외, 유적 존재로부터의 소외, 인간의 인간으로부터의 소외가 그에 해당한다.

첫째, 마르크스는 사적 소유가 일반화된 자본주의 사회에서 필연적으로 노동자가 노동생산물로부터 소외된다고 말한다. 노동자가 임금노동자로서 생산한 노동의 산물은 더 이상 그 자신의 것이 아니다. 노동자는 힘들여 노동하지만, 그가 자연에 가한 변형을 통해 산출한 생산물은 더 이상 그 자신에게 속하지 않는다. 그것은 오히려 노동자보다 더 값비싼 상품이 되고, 상품들로 집적된 부의 세계는 노동자에게 적대적으로 대립하는 상품 세계의 힘으로 현상한다. 마르크스에 의하면, 소외된 노동의 현실 속에서 노동자는 상품 세계의 부를 더 많이 생산할수록, 그리고 노동자가 생산해 낸 생산물들의 힘과 범위가 더욱 강화되고 넓어질수록 더욱 가난해지고 곤궁해진다. 노동자는 상품 세계를 이루는 물질적 부를 더 많이 창조해 낼수록 더욱더 보잘것없는 값싼 상품으로 전락한다. 마르크스는 상품 세계가 갖는 이 거대한 물적 부의 축적과 반비례하는 노동자의 현실을 염두에 두고, "사물 세계의 **가치 증식**에 인간 세계의 가치 절하가 정비례한다"라고 서술한다. 그리고 상품들의 집적을 통해 형성된 부의 세계에 비해 인간 존재의 가치 절하가 지속되는 이 사적 소유의 현실을 두고, 마르크스는 "노동이 생산하는 대상, 즉 노동의 생산물이 인간에게 하나의 **낯선** 존재로서, 생산자로부터 독립적인 **힘**으로서 노동과 대립한다"라고 지적한다. 노동생산물로부터 노동이 소외된다는 것은, 노동의 생산물이 노동자 자신에게 귀속되지 못하는, 달리 말해 노동생산물을 통해 노동자가 자기 자신을 긍정하고 이를 통해 자신의 인간다움을 확증하지 못하는 현실을 적시한다. 노동은 자연 대상을 인간적으로 변형시키는 활동이기 때문에, 노동을 통해 산출된 변형된 자연으로서의 노동의 생산물은 '사물화된 노동'이자, 노동의 대상화임과 동시에 자연 대상에 노동자의 힘과 의지를 현실화한 것이고, 또 자연 대상을 노동자 자신의 것으로 자기화한 것이기도 하다. 그러나 마르크스는 사적 소유하에서 이 대상화와 현실화, 그리고 자기화가 "노동자의 **탈현실화**로서, 대상화는 **대상의 상실**과 **예속**으로서, 자기화는 소외로서, **외화**로서 나타난다"라고 적는다. 자연에 대한 노동의 대상화가 탈대상화로, 노동자가 자연에 자기 자신을 각인시킨 노동자 자신의 현실화가 탈현실화로 전도되는 이 현상을 마르크스는 노동생산물이 자본의 지배 아래 놓이게 되는 것으로 이해하며 "노동자가 **낯선** 대상으로서 **자신의 노동생산물에 관계**"하는 소외로서 규정한다.

둘째, 마르크스에 의하면 노동자가 노동생산물에 대해 맺는 낯설고 적대적이며 이질적인 관계는 생산의 결과에서 나타나는 것인데, 이는 필연적으로 생산의 행위에서도 나타날 수밖에 없다. "소외는 **생산**의 결과에서뿐만 아니라, **생산의 행위**에서도, **생산활동** 자체 내부에서도 나타난다." 노동자가 노동생산물과 맺는 관계는 노동자의 생산활동 자체와 분리된 것이 아니기 때문이며, 따라서 노동자가 "생산행위 자체 속에서 자기로부터 자기를 소외"시키기 때문에 발생한다고 봐야 한다. 이런 맥락에서 마르크스는 "노동 대상의 소외 속에 단지 노동활동 자체에서의 소외, 외화가 요약되어 있다"라고 말한다. 노동자가 자신의 활동에서 자기 자신에 소원하고 낯설게 대립하는 이 소외가 곧 '노동 과정으로부터의 소외'로 규정된다. 이와 관련하여, 마르크스는 이 소외 또는 외화의 본질을 『경제학-철학 초고』에서 다음과 같이 적고 있다.

"이제 노동의 외화는 어디에 존재하는가?

첫째, 노동이 노동자에게 외적이라는 것, 다시 말해 그의 본질에 속하지 않는다는 것, 그 때문에 노동자가 자신의 노동 속에서 자기 자신을 긍정하는 것이 아니라 부정하며, 행복을 느끼는 것이 아니라 불행을 느끼며 자유로운 육체적, 정신적 에너지를 펼쳐내는 것이 아니라 오히려 자신의 육체를 고행을 통해 쇠약하게 만들고, 그의 정신을 황폐하게 만든다는 점에 있다."

마르크스에 의하면 노동자가 생산활동 속에서 자기 자신을 부정하고 노동 가운데 불행을 느끼는 본질적 이유는 이 노동이 생존을 위해 노동자에게 강요된 '강제 노동'이기 때문이다. 사적 소유가 전면화된 자본주의 경제체제 아래에서 오직 노동력 이외에 아무것도 가진 것이 없는 다수의 노동자는 자기 자신을 자본가에게 상품으로서 판매해야 한다. 그 때문에 이 노동은 노동자가 스스로 선택할 수 있는 자발적인 행위가 아니라 노동자가 굶어 죽지 않기 위해 행해야 하는 '수단'일 뿐이다. 노동자가 자본가에게 생존을 위해 자신을 상품으로 판매함으로써, 노동자가 수행하는 활동 또한 노동자 자신에게 속하는 것이 아니라, 다른 사람, 즉 자본가의 것이 된다. 마르크스는 노동자의 활동이 타인의 지배 아래 놓이게 됨으로써 생산활동 속에서 노동자가 느끼는 이 소외로 인해, "노동자는 노동 바깥에서야 비로소 자기가 자신과 함께 있다고 느끼며, 노동 속에서는 자기 자신을 떠나 있다고 느낀다"라고 서술하는가 하면, 이 노동활동으로부터 오는 낯섦으로 인해서, 노동자는 그 자신이 노동해야만 하는 "어떤 육체적 또는 그 밖의 강제도 존재하지 않게 되자마자 노동이 마치 페스트처럼 기피된다"라고 주장한다. 노동을 통해 생산된 산물이 인간을 압도하는 적대적 힘이 되고, 낯선 대상이 됨으로써 마주하는 노동생산물의 소외를 "사물의 소외"라고 한다면, 노동 과정 속에서, 다시 말해 자신의 생산활동 속에서 자신의 활동을 부정하고 자기 자신을 낯설고 이질적인 존재로 간주하는 이 두 번째 소외를 마르크스는 "자기소외"라고 명명한다.

이제 마르크스는 노동생산물로부터의 노동의 소외 및 생산활동으로부터의 노동의 소외라는 앞선 두 가지 소외로부터 세 번째 소외를 이끌어 낸다. 마르크스가 제시한 이 세 번째 소외는 '유적 존재로부터의 소외'라고 일컬어진다. 마르크스에 의하면 인간은 우선 다른 동물적 존재들과 마찬가지로 욕구하고 감각하는 존재다. 이 때문에 인간은 일차적으로 자연에 속박되어 자연에 시달리면서 자신의 생활을 영위하는 자연적 존재임이 분명하다. 그러나 마르크스는 인간이 다른 동물과 달리 자신의 욕구 충족에 급급한 존재이기만 한 것이 아니라, 자신의 욕구 충족을 위한 생산적 활동 자체를 의식적 대상으로 삼는 존재라고 말한다. 동물은 자신의 욕구 충족에 매몰되어 생산활동 자체를 의식의 대상으로 삼는 것이 불가능하지만, 인간은 동물과 달리 자신의 생산활동 자체를 자신의 의지와 의식의 대상으로 삼는 존재라는 이유에서다.

유적 존재란 인간이 목적과 의식, 그리고 의지를 가지고 생산활동을 하는 존재라는 것을 함의한다. 마르크스는 이와 관련하여 동물의 생산은 일면적이지만, 인간의 생산은 보편적이라고 강조한다. 예컨대 꿀벌이나 비버, 개미 등 그것이 어떤 동물이든 그들이 직접적으로 그들 자신에게 필요한 것만을 반복적으로 되풀이하여 생산하고, 그들의 생산은 오직 그러한 활동에 국한되는 반면, 인간은 자신의 직접적 욕구로부터 거리를 두고 자유롭게 생산하며, 이 과정에서 자연의 변형을 좀 더 인간적인 것으로 고양하고 세련화한다는 것이다.

　인간이 물을 마시기 위해 컵을 생산한다고 했을 때, 그 컵은 인간의 자연적 욕구로서의 목마름을 채워 주기 위한 목적만을 갖는 것이 아니다. 오직 인간만이 컵 하나를 생산하면서도 여기에 미적인 척도를 적용할 줄 안다는 것이다. 이런 점에서 인간의 생산활동은 인간의 자연적 욕구에 밀착되어 있는 일면적 생산이 아니라, 다양한 관점과 각도에서 인간이 스스로 기획하고 목적한 바를 자연 대상에 투여하는 의식적 과정이라고 해야 한다. 마르크스가 인간을 그의 생산활동, 즉 노동과 관련하여 유적 존재라고 규정하는 근거는 인간의 생산이 인간 자신의 개별적 욕구 충족의 차원을 넘어 보편적이고 관계적으로 이루어지기 때문이라는 마르크스의 성찰에서 찾아볼 수 있다. 인간은 자신이 수행하는 생산활동, 그리고 그 생산활동을 통해 산출된 생산물로부터 일정한 거리를 두고 이를 좀 더 개선된 방향으로, 또는 좀 더 세련된 단계로 수정하여, 모든 방면에서 생산할 수 있는 유적 존재인 것이다. 이러한 맥락에서 마르크스는 "인간은 유적 존재인바, 이는 그가 실천적으로 그리고 이론적으로 유를, 그 밖의 사물들의 유와 마찬가지로 자기 자신의 유도 대상으로 삼기 때문"이라고 규정한다. 또한, 유적 존재로서의 인간의 특징을 "현재적인, 살아 있는 유로서 자기 자신과 관계한다는 점에서 **보편적**인, 따라서 자유로운 존재로서 자기 자신과 관계"하는 존재라고 정의한다.

인간의 노동을 '유적 존재로서 수행하는 생산활동'이라고 보는 마르크스의 이와 같은 견해는 『자본』에도 그대로 계승된다. 특히 『자본』에서 마르크스는 인간 노동에 귀속된 이와 같은 특징과 관련하여 인간의 "노동이 무엇보다도 우선 인간과 자연 사이의 한 과정, 다시 말하면 인간이 자기 자신의 행위를 통해 인간과 자연 사이의 소재교환을 매개하고 규제하며 통제하는 한 과정"(『자본』 I-1, 265쪽)이라고 정의한다. 인간 역시 그가 육체를 가지고 있는 존재인 한, 넓은 의미에서 그는 자연에 포함되는 존재로서, 그가 수행하는 노동은 그의 팔, 다리, 근육, 두뇌 등등의 자연력을 사용하는 활동이기도 하다. 이런 점에서 노동이란 우선 자연 존재로서의 인간이 자연력으로서의 다양한 힘들을 사용하여 자신의 외부에 있는 자연에 작용을 가하고 그것을 변화시키는 활동이다.

그러나 마르크스는 노동이 단순히 인간이 외부의 자연에 힘을 가함으로써 외적인 자연을 변화시키는 것만은 아니라고 말한다. 왜냐하면 노동이 수행되는 과정에서 인간은 자신의 내부에 있는 다양한 잠재적 힘들을 표출하고 반복적으로 사용함으로써, 자기 내부의 본성들을 변화시키고, 또 이 과정을 반복 되풀이하는 과정에서 자신의 자연력을 어디에, 어떻게, 어떤 과정을 통해 표출하고 사용해야 하는가를 알게 되기 때문이다. 이 때문에 마르크스는 인간의 노동이란 동물이 단순히 반복적으로 수행하는 기계적인 행위와는 다른 것이라고 말한다. 예컨대 "거미는 직물업자와 비슷한 작업을 수행하고 또 꿀벌은 자신의 집을 지음으로써 수많은 건축가를 무색하게 만든다. 그렇지만 아무리 서툰 건축가라도 가장 우수한 꿀벌보다 처음부터 앞서 있는 점은 건축가는 밀랍으로 집을 짓기 전에 미리 그것을 자신의 머릿속에서 짓는다는 데 있다"(『자본』 I-1, 266쪽). 다시 말해서 "인간은 자연물의 형태를 변화시키는 데 그치는 것이 아니라, 동시에 그 자연물을 통해 자신의 목적(즉 그가 알고 있는 것이면서 동시에 자신의 행동 방식을 결정하는 기준이기도 하며 또한 자신의 의지를 예속시켜야 하는 그런 자신의 목적)도 실현한다는 것이다"(『자본』 I-1, 266쪽).

따라서 인간이 수행하는 모든 노동 과정 및 활동은 자연과 대면한 처음부터 그의 머릿속에 가지고 있었던 목적의 관념과 분리될 수 없으며, 인간은 노동을 수행하는 과정 속에서 이 목적을 외부로 펼쳐 내고, 다시금 이를 자연에 관철시키는 반복적 과정을 통해, 자신이 가지고 있는 인간다움의 본성을 고양시켜 간다는 것이다. 간략히 말해 마르크스가 보기에 노동은 인간을 목적 의식적 존재로, 개별적 존재임과 동시에 항상 보편을 염두에 둔, 자기 자신 및 자신의 활동을 보편과의 연관 속에서 성찰하고 행위하는 존재로 만드는 가장 중요한 활동이다. 유적 존재로서의 인간에 내재된 의미는 인간이 수행하는 노동이 바로 이 개별성과 보편성을 연결지어 주는 핵심적 기제라는 것이다.

그런데 자본주의적 생산양식 아래에서 수행되는 노동은 먹고살기 위해 행해지는 임금노동이다. 즉 노동의 목적이 개별자로서의 인간이 보편성과의 연관성을 의식하여, 이 보편으로서의 목적을 실현하기 위해 외적 자연과 상호작용하는 활동이 아니라는 것이다. 노동을 행하는 목적은 단지 생존을 위해 필요한 임금을 얻는 것으로서, 그 결과 노동의 본래적 의미는 축소되고 왜곡된다. 임금은 노동을 통해 벌어들이는 수단이 아니라, 노동 자체의 목적이 된다. 이러한 조건 아래에서 인간은 노동을 통해 자신의 본성을 확장하고 실현할 수 없게 된다. 유적 존재로부터의 소외란 노동이 더 이상 인간 본성의 실현을 위한 과정으로 간주될 수 없는 상황을 의미한다. 노동을 통해 자연 전체를 인간 자신의 작품으로 형성하고, 인간적인 것으로 변형 가공하는 이러한 활동은 노동의 소외라는 자본주의적 현실 속에서는 더 이상 의미를 갖지 못한다. 모든 노동이 그저 인간 자신의 "육체적 실존을 유지하려는 욕구 충족을 위한 한 수단으로만 나타나기 때문"이다. 이 때문에 마르크스는 노동이 단지 개인의 삶을 보존하기 위한 수단으로 전락하고, 노동 그 자체 속에서 인간이 자유롭고 의식적인 존재로서 자신의 유를 대상화하는 활동 또한 오직 개인적 삶의 보존을 위한 수단으로 변질되어 버린다고 진단한다. 마르크스에 의하면, "소외된 노동은 인간에게서 **유**를 소외시킨다. 소외된 노동은 인간의 **유적 생활**을 개인적 생활의 수단으로 만들어 버린다."

노동생산물로부터의 소외, 노동 과정으로부터의 소외, 그리고 방금 위에서 살펴보았던 유적 존재로부터의 소외라는 이 세

가지 소외로부터 마르크스는 최종적 귀결로서 '인간의 인간으로부터의 소외'를 이야기한다. "인간이 자신의 노동의 생산물, 자신의 생활 활동, 자신의 유적 본질로부터 소외되어 있다는 사실로부터 나오는 하나의 직접적 귀결은 **인간**으로부터의 **인간의 소외**이다."

우리는 앞서 인간의 유적 본질이 인간 안에 내재한 인간적 본질, 다시 말해서 인간이 잠재적으로 가지고 있는 인간적 본질을 의미한다는 것을 살펴보았다. 그리고 노동은 인간이 유적 본질로서의 본성을 실현하기 위한 가장 핵심적인 활동이라는 것을 이해한 바 있다. 그런데 소수에 의해 생산수단이 사적으로 소유되어 있는 자본주의적 생산양식에서 인간은 노동을 통해 자기 자신을 실현하고 매번 더 높은 단계로 고양시키는 것이 아니라, 오로지 먹고살기 위한 생존의 차원에서 매일 반복적인 노동을 수행하는 것으로 그치고 만다. 이러한 맥락에서 인간의 유적 본질로부터의 소외란, 달리 말한다면, 인간이 인간 자신의 참된 본성으로부터 차단되어 있다는 점, 즉 인간이 인간으로서 자기 자신을 실현할 기회가 박탈되어 있다는 점, 더 나아가 마르크스가 표현하고 있는 것처럼 "인간이 자기 자신과 대립"하고 있는 상황으로 이해할 수 있다.

소외된 노동의 네 번째 특징으로서 인간의 인간으로부터의 소외란, 바로 이와 같은 상황, 즉 인간이 노동을 통해 자신의 본성을 실현하지 못하고, 인간다움을 실현할 수 있는 기회와 가능성을 차단당한 채, 철저하게 임금을 위해 생활하는 동물적 존재로 전락하는 상황을 의미한다. 더욱이 자본주의적 생산양식 아래에서 노동하는 모든 인간이 이처럼 인간다움의 본래적 실현 가능성으로부터 소외되어 본래적 자기로 살아가지 못하고 있는 한, 자본주의적 생산양식에서 각자가 각자에 대해 맺는 관계는 소외된 인간이 소외된 인간과 맺는 관계일 수밖에 없다. 마르크스는 이와 관련하여 "인간이 자신의 유적 본질로부터 소외되어 있다는 문장은 어떤 인간이 다른 인간으로부터, 그리고 그들 각자가 인간적 본질로부터 소외되어 있다는 것을 의미한다"라고 서술한다. 자본주의적 생산양식이라는 조건 속에 놓여 있는 인간들 사이의 관계는 소외된 인간들 사이의 관계, 즉 소외된 관계이며, 내가 타인과 맺는 관계 또한 소외된 관계라는 틀을 벗어날 수 없다. 이것이 인간의 인간으로부터의 소외에 내재된 본래적 의미다.

「제1분책」의 핵심이라고 할 만한 노동의 소외 또는 외화, 그리고 이와 관련하여 소외된 노동의 제 양상 또는 현상을 서술한 후, 마르크스는 소외된 노동 또는 외화된 노동이 구체적 현실 속에서 어떻게 표현되고 나타나는가를 분석한다. '인간이 만약 자신의 노동생산물을 온전히 향유하지 못하고, 노동 과정에서 기쁨을 만끽하지 못하며, 또한 노동을 인간의 자기실현의 과정으로 받아들일 수도 없으며, 그 결과 각각의 인간들이 서로에 대해 소원하며 낯설고 이질적인 관계로 맞서 있다면, 도대체 무엇이, 그리고 누가 이와 같은 소외 현상을 초래하고 지배하는가'라는 문제가 바로 그것이다. 요컨대 자본주의적 생산양식을 하나의 탈역사적 현상으로 전제하고, 그로부터 자본과 임금노동을 자명하게 주어진 하나의 사실로 무비판적으로 수용하는 국민경제학자들의 입장을 '소외' 또는 '외화'라는 개념을 통해 비판적으로 해부한 후, 마르크스는 이러한 모든 현상을 초래한 그 궁극적 원인이 무엇인가를 파헤치고자 하는 것이다.

이에 마르크스는 다음과 같이 묻는다. "노동의 생산물이 나에게 낯설게 존재하고, 나에게 낯선 힘으로서 대립한다면, 그렇다면 그것은 누구에게 속하는 것인가? 나 자신의 활동이 나에게 속하지 않고 하나의 낯선, 강요된 활동이라면, 그렇다면 그것은 누구에게 속하는 것인가?" 이 물음에 대한 마르크스의 답변은, "나 이외의 **다른** 사람"이라는 것이며, 이 다른 사람은 노동하는 나에 대립해 있는 노동하지 않는 자, 즉 비노동자라는 것이다. 노동자로서의 나의 정립은 필연적으로 비노동자로서의 타자의 정립과 동시적이며, 실천적이고 대상적으로 활동하는 자로서의 나의 정립은 비실천적이고 비대상적으로 활동하는 자의 정립과 동시적이다. 이 때문에 노동하는 자로서의 나의 활동이 소외되어 있다면, 이 소외된 활동과 동시적으로 정립되어야 할 다른 관계항 또한 필연적으로 상정될 수밖에 없다. 내가 행하는 모든 활동이 고립무원의 진공 상태에서 독자적으로 행해지는 것이 아닌 한, 나의 모든 활동은 반드시 나의 외부에 있는 타자와 관련되기 마련이며, 이 타자란 일차적으로 자연이거나, 더 나아가 나 이외의 다른 사람을 뜻하는 것으로 귀착되기 마련이기 때문이다. 이러한 맥락에서 마르크스는 "노동생산물이 노동자에게 속하지 않고, 하나의 낯선 힘이 노동자에게 대립해 있다면, 이는 오직 그 생산물이 **노동자 외부의 다**

른 인간에게 속하는 것으로서만 가능하다"라고 말한다. 또한, 노동하는 자의 활동이 그에게 고통이라면, 어떤 다른 인간에게는 향유이고, 다른 인간의 생활의 기쁨이지 않을 수 없기에, 오직 다른 인간만이 소외된 노동, 이 소외된 노동을 수행하는 자들 위에 군림하는 낯선 힘이라고 주장한다.

　자본주의적 생산양식 아래에서 인간이 수행하는 실천적이고 대상적인 활동이 인간 자신에게 낯설고 이질적이며 적대적인 힘으로 나타난다는 소외 현상에 대한 분석이 서술의 한 축이라고 한다면, 이 소외 현상의 대척점에 있으면서 소외된 노동을 형성하고 양산하는 다른 하나의 계기를 마르크스는 비노동자, 즉 '자본가'라고 규정하고 있는 것이다. 그러므로 "**소외되고, 외화된** 노동을 통해서 노동자는 노동에 낯설고, 노동 외부에 존재하는 인간이 이 노동에 대해 맺는 관계를 산출한다. 노동에 대해 노동자가 갖는 관계는 자본가가 ―또는 그 밖의 어떤 다른 이름으로 노동의 주인을 명명하고자 한다면― 노동에 대해 갖는 관계를 산출한다."

　자본가란 노동의 대상인 자연을 사적으로, 독점적으로 점유한 계급으로서, 노동자에 대한 비노동자를 의미한다. 그들이 인간의 생활수단의 원천이 되는 자연을 원천적으로 독점하고 있기에, 다시 말해 생산수단을 배타적으로 소유하고 있기 때문에, 대다수의 인간이 수행하는 실천적이고 대상적인 활동은 필연적으로 그들 자신에게 낯설고 이질적이며 적대적이 될 수밖에 없다. 더욱이 그가 생산하는 모든 노동생산물, 그의 전 노동과정은 온전히 노동하는 자신의 것이 되지 못하고, 노동하지 않는 자, 즉 자본가의 수중에 귀착되기 때문에, 그가 행하는 모든 노동은 이 자본주의적 사적 소유를 유지하고 강화시켜 주는 활동일 따름이다. 소외된 노동과 사적 소유, 자본주의적 소유가 맺는 이 악순환적 관계를 염두에 두고 마르크스는 한편으로는 생산수단에 대한 독점적 소유가 소외된 노동을 양산하는 원인이기도 하지만, 다른 한편으로는 사적 소유가 외화된 노동, 즉 소외된 노동의 결과이기도 하다고 강조한다. 그리고 소외된 노동의 결과로서 현상하는 사적 소유가 소외된 노동의 원인으로도 간주되는 이와 같은 현상을 마르크스는 인간의 의식과 신과의 관계에 빗대어 종교적 자기소외의 구조와 동일한 것이라고 주장한다. 달리 말해 신이 인간의 자기의식의 외화된 결과로서 현상하는 것임에도 불구하고, 신이 인간의 외부에 객관적으로 실존하는 것으로 받아들여지고 나면, 마치 신이 먼저 있고, 그 다음에야 비로소 인간의 자기의식이 존재하는 것과 같은 전도된 현상이 나타나는 것과 같다는 것이다. 이와 마찬가지로 자본주의적 사적 소유가 인간 노동의 소외의 본질적인 원인이기도 하지만, 일단 이 관계가 형성되고 나면, 인간 노동의 소외가 자본주의적 사적 소유를 유지하거나 강화함으로써 원인과 결과의 관계가 전도되어 나타나게 된다는 것이다. 마르크스가 이 저작 전체를 통해 비판하고 있는 국민경제학적 사실 또는 국민경제학적 현상은, 소외된 노동과 자본주의적 사적 소유가 맺고 있는 이 인과관계를 분석하지 않고, 오히려 이미 주어진 하나의 자명한 사실로 간주하고, 이를 전제로 모든 경제적 범주들 및 현상들을 도출한다는 점에서 한계를 갖는다.

그렇다면 자본주의적 생산관계라는 경제적 조건 아래에서 필연적으로 나타나는 노동의 소외를 극복하기 위한 대안은 무엇일까? 마르크스는 「제1분책」에서 이와 관련하여 구체적인 해답을 주지는 않는다. "소외된 노동의 결과로서 나타났던 **사적 소유**의 일반적 본질을, 사적 소유가 **참으로 인간적이고 사회적인 소유**에 대하여 갖는 관계 속에서 규정하는 것"이 필요하다는 지적을 하기는 하지만, '인간적 소유', 즉 '사회적 소유'가 구체적으로 무엇을 의미하는가에 대해 아직 상세한 서술을 전개하고 있지는 않다. 그렇지만, 마르크스는 「제1분책」의 말미에서 당대 자본주의적 제 모순을 해결하기 위한 대안으로 통용되었던 공상적 사회주의적 처방에 대해서는 분명하게 반대하는 입장을 밝히고 있다.

일례로 프랑스의 사회주의자였던 프루동은 그의 주저 『소유란 무엇인가』에서 상호적으로 결합된 노동자들의 평등함을 주장하고, 이에 근거하여 "한 사람의 노동자가 다른 노동자보다 더 많은 보수를 받는 것이 모순"[14]이라고 주장한다. 자본주의의 사적 소유가 초래한 사회경제적 불평등을 노동을 통해 획득한 평등한 임금의 실현, 즉 **"급료의 평등"**을 통해 해소 가능하다고 본 프루동의 견해와 관련하여, 마르크스는 이런 견해가 노동의 소외를 야기하고 또 노동의 소외를 영구화시키는 자본주의적 사적 소유 및 그 생산관계의 본질을 전혀 건드리지 못할 뿐만 아니라, 노동의 소외를 극복하기 위한 실천적 대안이 될 수

---

[14] 프루동 저, 『소유란 무엇인가』, 이용재 옮김, 아카넷, 2005, 189쪽.

도 없다고 단호하게 거부한다. 역사적 과정을 통해 구조적으로 각인된 자본주의에서, 상품이 된 노동자가 노동의 대가로 받는 임금이란, 오히려 소외된 노동에 대한 물적 표현에 불과한 것이기 때문이다. 마르크스가 지적하고 있듯, 임금이란 소외된 노동의 치유책이나 극복 대안이 아니라, 오히려 "노동 소외의 필연적 귀결"이며, 임금에 있어서의 노동은 노동 그 자체로서, 다시 말해 노동이 인간의 자기실현의 과정으로서 평가되거나 간주되는 것이 아니라, 오히려 "보수의 종복"으로서 나타난다. 이런 맥락에서 마르크스는 자본주의적 제반 모순을 해소하기 위해 프루동이 요구하는 것과 같은 급료의 평등조차도 자신의 노동에 대한 현재의 노동자의 관계를 노동에 대한 만인의 관계로 전환시킬 뿐이며, 이는 곧 자본주의적 생산관계 속에서 자본가와 노동자로 양분화된 계급관계를 더욱 고착시키고 공고히 할 뿐이기에 사회 전체를 추상적 자본가로 파악하는 것 이외에 다른 것이 아니라고 비판한다. 결론적으로 마르크스가 보기에 프루동의 이와 같은 대안이란 "임금이 소외된 노동의 직접적 결과이고, 소외된 노동이란 사적 소유의 직접적 원인"이라는 것을 파악하지 못한 무능에서 기인한 것일 뿐이다.

✿

　『경제학–철학 초고』의「제1분책」은 자본주의적 생산양식을 구성하는 세 요소인 임금, 자본, 노동에 대한 국민경제학자들의 서술을 마르크스가 발췌한 내용과 이에 대한 평가들을 포함한다. 마르크스는 스미스와 세, 리카도 등과 같은 국민경제학자들의 저서에 대한 발췌로부터, 이들이 무엇보다도 자본주의적 생산양식을 하나의 주어진 자명한 사실로 간주하고 있다는 점을 폭로하고, 경제적 생산양식에 대한 이와 같은 탈역사적 관점 때문에 자본주의적 생산양식 아래 사적 소유와 소외된 노동의 관계를 정확하게 파악하지 못한다고 지적한다. 중요한 것은 자본주의적 생산양식이 역사적 맥락에서 갖는 변별성을 파악하는 것이며, 이를 통해 특정한 경제적 생산양식이라는 조건 하에서 어떤 현상들이 나타나는가를 분석하는 일이다.「제1분책」의 말미에 등장한 소외된 노동 또는 노동의 외화는, 생산수단에 대한 사적 소유가 일반화된 자본주의 생산양식 아래에서 보편적이며 필연적으로 나타나는 현상으로 지목된다.

　이러한 분석과 서술을 총괄하며 마르크스는 첫째, 노동자의 경우에 외화, 소외된 노동이자 활동으로 나타나는 모든 것이 비노동자, 즉 자본가에게는 외화 또는 소외의 상태로 나타난다는 사실을 주목할 것과 둘째, 생산 과정과 생산물에 대해 나타나는 노동자의 현실적, 실천적 태도가 비노동자에게는 이론적 태도로 나타난다는 점, 그리고 마지막으로 가장 중요한 점으로, 노동자가 자기 자신에 반해서 행하는 일체의 것을 비노동자는 노동자에 반해서 행하지만, 비노동자가 노동자에 반해서 행하는 일체의 것을 비노동자는 자기 자신에 반해서 행하지 않는다는 사실을 지적하면서 「제1분책」를 마무리한다. 이 세 가지 내용은 소외된 노동의 현실 속에서 비노동자(자본가)와 노동자 간에 형성되는 비대칭적 권력관계로 수렴된다. 특히 이 마지막 세 번째 내용은, 노동자와 자본가 사이의 권력의 비대칭성을 지적하는 것으로, 헤겔이 『정신현상학』에서 다뤘던 주인과 노예의 변증법에서 서술했던 문장을 희화한 것이다. 헤겔은 자기의식들 간의 인정투쟁을 통해 패배한 노예가 주인에게 복종하면서, 주인의 동물적 욕구를 충족시켜 주는 노동을 통해 노예라는 의식을 벗어 던지고 자유로운 의식에 도달한다고 서술하지만, 마르크스가 보기에는 이 또한 자본주의의 객관적 현실과 무관한 관념적 유희에 불과하다. 관념의 영역에서는 주인이 노예의 뜻과 의지에 반해 행하는 일을 노예 또한 주인의 뜻과 의지에 반해 행할 수 있겠지만, 객관적 현실의 영역에서는 자본가가 노동자의 뜻과 의지에 반해 행위하는 것을 노동자가 받은 그대로, 자본가에게 되돌려 줄 수 없기 때문이다.

3. 「제2분책」: 사적 소유의 관계

「제2분책」은 상당 분량의 초고가 분실되었기 때문에, 『경제학-철학 초고』 내에서도 그 분량이 가장 짧다. 또한 원고의 유실로 인해 마르크스가 작성한 「제2분책」 전체의 내용을 확인할 수 없기 때문에, 여기에서 서술된 내용의 맥락을 정확하게 파악하기 어렵다. 그럼에도 불구하고 전승된 분량의 「제2분책」에서 마르크스는 사적 소유가 자본과 노동이라는 두 개의 범주와 어떤 관련을 맺고 있는지 서술하는 한편, 앞서 「제1분책」을 통해 전개했던 국민경제학이 상품으로서의 노동에 대해 어떤 입장을 취하고 있는지에 대한 비판적인 서술을 이어가고 있다. 그리고 사적 소유의 관계 내에서 토지 소유자와 자본가가 벌이는 투쟁을 매우 냉소적으로 그려 내면서, 이 투쟁이 궁극적으로는 자본가의 승리로 귀결된다는 점, 따라서 사적 소유의 지배 아래에서는 토지소유자에 대해 자본가가 거둬들이는 승리야말로 사적 소유의 최종적인 완성으로 규정되며, 그 결과 자본과 노동이라는 두 개의 대립으로 귀착된다는 점을 다시 한번 강조하고 있다. 짧은 분량에 담긴 「제2분책」의 내용들을 일별해 보았을 때, 우리는 「제2분책」 또한 앞서 마르크스가 「제1분책」에서 수행했던 부르주아 정치경제학에 대한 비판을 이어가고 있음을 짐작할 수 있다.

　「제2분책」에는 〈사적 소유의 관계Das Verhältnis des Privateigentums〉라는 제목이 달려 있다. 앞서 「제1분책」에서 우리가 살펴보았듯이, 사적 소유는 소외된 노동의 원인이자 결과다. 사적 소유의 지배 아래에서 노동은 필연적으로 소외되며, 소외된 노동은 재차 사적 소유를 강화한다. 그 때문에 사적 소유와 소외된 노동은 상호 불가분적인 관계를 형성하였다. 사적 소유와 소외된 노동의 상호 제약적 관계를 토대로 하여, 마르크스는 「제2분책」에서 사적 소유가 한편으로는 자본에 대해, 다른 한편으로 노동에 대해 어떤 관계를 형성하는가를 핵심 주제로 삼아 다음과 같은 내용을 서술하고 있다.

첫째, 자본과 노동이라는 이 두 범주는 항상 동시적으로 서로를 제약하면서 공존한다는 점이다. 헤겔의 표현을 빌려 말하자면, 자본은 항상 자체 내에 자기존립의 근거로서 자본의 타자인 노동 범주를 포함하고 있으며, 노동 또한 자기존립의 계기로서 그 자신의 타자인 자본의 범주를 자체 내에 포함하고 있다. 양자의 관계는 불가분리적이다. 자본은 노동자를 통해 활동하며 주체적으로 현상하는 반면, 노동은 자본을 통해 스스로를 객체화하고 객관적 형태로 현상한다. 자본이 살아 있는 노동의 축적, 즉 객관화된 노동이라면, 노동은 활동하는 자본, 즉 주체화된 자본이라고 할 수 있다. 이와 관련된 내용을 마르크스는 「제2분책」의 서두에서, "자본이란 자기 자신을 전적으로 상실해 버린 인간이라는 점이 노동자의 편에서는 주체적으로 드러난다. 이는 노동이 자기 자신을 전적으로 상실해 버린 인간이라는 사실이 자본의 편에서는 객체적으로 드러나는 것과 마찬가지다"라고 서술한다.

그러나 자본과 노동이 서로를 제약하며 그 자신의 존립을 위해 타자를 포함하고 있다는 사실로부터, 양자가 서로 대등한 세력 관계를 형성하고 있다고 생각해서는 안 된다. 자본이 노동을 통해서야 비로소 주체화되고 활동적인 형태로 현상하며, 바로 그런 이유에서 자신의 존립 근거를 노동에 두고 있다 하더라도 자본이 노동에 대한 장악력과 지배력을 행사하는 한, 노동에 대한 자본의 의존도보다 자본에 대한 노동 의존도가 더 강하기 때문이다. 맑스의 서술에 의하면 "**노동자는 살아 있는** 자본"이요, "**궁핍한** 자본"이다. 자본이 노동을 통해 현상하지 않을 때, 다시 말해 노동자가 자본의 현상 형태로서 더 이상 활동하지 않을 때, 노동자는 언제든지 그 존재가치를 상실할 위험에 처한다. "**노동자** 이상 아무것도 아닌 인간에게 있어서, 그리고 노동자로서의 인간에게 있어서 그의 인간적 속성들은 오직 그것들이 그에게 **낯선** 자본을 위해서 거기에 존재하는 한에서만 존재"하는 것이기에, 언제라도 자본이 주체적 형태로서 활동하기를 임의적 또는 우연적으로 중단해야겠다고 마음먹는다면, 노동자는 결코 노동자로서의 현존가치를 지니지 못하게 되어 어떠한 임금도 갖지 못하게 되고, 결국 굶어 죽어야 하는 극단적 상황에 내몰리게 된다. 따라서 자본과 노동이라는 이 두 범주는 각자의 존립 근거로 타자를 필요로 하며, 타자를 통해 현상한다고 하더라도, 양자의 세력관계는 결코 대등하거나 동등하지 않다. 노동의 자본에 대한 의존성이 절대적이라는 이유에서다. 이것이 사적 소유의 관계에서 발생하는 첫 번째 귀결이다.

이로부터 둘째, 마르크스는 자본과 노동의 이 불균등한 세력 관계에 주목하지 못한 채, 노동을 오직 자본의 비용으로만 간주하는 국민경제학을 비판한다. 국민경제학은 자본과 노동을 상호 분리된 범주로, 또는 생산의 요소나 비용으로만 간주할 따름이며, 이 양자가 맺고 있는 변증법적 상호 관련성과 동시성을 파악하지 못한다. 더욱이, 자본에 대한 노동의 지배력에 무관심하다. "국민경제학은 고용되지 못한 노동자를, 이 노동자가 노동관계 외부에 존재하는 한에 있어서의 노동하는 인간을 알지 못한다." 그 때문에 국민경제학은 왜 노동자가 노동할 수 없는 상황에 처하게 되는지, 무엇이 노동자를 노동 바깥으로 내모는지에 대해 침묵한다. 마르크스는 국민경제학이 노동을 오직 자본의 비용 관점에서, 달리 말해 오직 임금이라는 지출과 비용의 측면에서만 파악할 뿐이라고 비판한다. "임금이란 그 때문에 자본 및 자본가의 필요 **비용**에 속하며 이러한 필요의 욕구를 넘어서는 안 되기" 때문에, 노동자의 인간적인 구체적 욕구에 무관심하다. 국민경제학자의 관점에서 노동자란 곧 자본의 관점에서 지출되어야 할 비용, 곧 임금과 동일한 것으로서, 이 임금이란 다시금 자본으로서 활동할 노동자의 생존을 유지할 수 있는 노동자의 필요로 환원될 따름이다. 국민경제학자의 관점에서 중요한 것은 '임금과 자본 이자가 상호 반비례관계를 형성하기에, 자본가는 오직 임금을 낮춤으로써만 이득을 얻을 수 있고, 그 역도 마찬가지라는 것'이다. 따라서 이들에게는 임금의 노예로 전락한 노동자의 불구적 상태보다 자본의 운용과 그것이 가져올 이득의 관점에서 어떻게 하면 노동자의 임금을 낮출 것인가가 가장 중요한 관심사가 된다.

『인구론』의 저자 맬서스의 영향을 받은 리카도와 같은 경제학자는 마르크스가 「제2분책」에서 지적하고 있는 것처럼, "인간 **현존재**를 … **아무래도 상관없는 것**, 심지어는 **해로운 것**"으로 간주하고 있음을 방증하는 원칙을 제시한다. '임금철칙설'이라고 알려진 그의 이론은, 노동자들에게 고임금을 주면, 그 결과 노동자가 수적으로 증가하고, 이로부터 노동자에 대한 수요보다 공급이 더 많아질 것이기 때문에, 임금이 하락할 수밖에 없고, 또 이것이 자동적으로 노동자 수의 감소를 가져오는 순환적 구조에서 벗어날 수 없는 일정한 법칙을 따른다는 것이다. 리카도에 의하면 임금이란, 노동자를 모두 생존할 수 있게 하며, 동시에 그들의 종족이 현저하게 증가하거나 너무 많이 감소하지 않도록 영속할 수 있게 하는 데 필요한 가격이다. 임금철칙이라고 불리는 이와 같은 사상을 통해 리카도는 노동하는 사람은 가난한 사람으로 정해져 있는 것이고 사려 깊은 국가, 고용주 그리고 노동조합과 그 밖에 그들 자신의 행동 등을 통해서 그들을 빈곤한 상태에서 구제하려고 하는 것은 잘못된 것이라는 사고방식을 정착시키는 데 기여했다. 그리고 이와 같은 냉철함을 통해 리카도는 스미스에게서 간혹 출몰하는 노동자 계급에 대한 온정적인 시선과 자본가 계급의 부도덕함에 대한 감정적 질타를 경제학의 영역에서 축출하는 데 기여하였다. 이런 점에서 마르크스는 "스미스와 세에 비해서 리카도와 밀 등이 이룩한 위대한 진보란 인간의 **현존재**를 **아무래도 상관없는 것**, 심지어는 해로운 것으로 언명한 점에 있다"라고 평가한다.

사적 소유의 상태를 맹목적으로 인준하는 국민경제학은 마르크스에 의하면, 설령 그것이 '노동' 범주를 자본주의적 생산의 중요한 원리로 고양시키며 노동에 일정한 가치를 부여했다는 점에서 옳았을지라도, 결코 이 사적 소유의 관계하에서 발생하는 자본과 노동의 불가분리적 관계를 간파할 수 없고, 더욱이 노동에 대한 자본의 막대한 지배력을 이해할 수 없었다는 점에서 한계를 갖는다. 국민경제학은 자본주의적 생산관계의 외관, 다시 말해 드러난 현상 형태에 대한 분석과 기술에만 관심이 있을 뿐, 무엇 때문에 그러한 현상 및 외관이 나타나는지, 그것의 실체 또는 본질이 무엇인지에 대해 묻지 않는다. 스미스와 세, 리카도와 밀이 자본과 노동의 관계를 분석하면서 노동을 자본의 비용이라는 관점에 포함하여 자본 수익의 관점에서 계산하고, 어떤 경제적 전략이 자본의 수익을 최대화할 것인가라는 경제적 분석에만 매몰된 것은, 자본주의를 하나의 초역사적인, 다시 말해 탈역사화된 자연적인 것으로 이미 수용하고 있기 때문이다. 그리고 이러한 고찰 방식이란 자본주의, 즉 부르주아 사회를 역사적 과정의 결과로서가 아니라 출발로서 상정하는 관점과 같다. 물론 출발은 결과를 통해 산출된 것임에 분명하지만, 부르주아 경제학자의 눈에는 출발을 매개했던 과정, 그리고 그들이 출발로 전제하고 있는 자본주의적 생산양식이 이 과정을 통해 산출된 결과라는 사실이 보이지 않는다. 그들은 단지 있는 그대로 주어져 있는 자본, 그리고 그 자본과의 관계 속에 등장하는 임금노동만을 분석의 주요 범주로 채택하고, 자본주의적 생산의 기본 속성, 즉 효율성과 유용성 및 이윤의 극대화라는 이미 주어진 원칙을 현실 속에서 어떻게 적용할 것인지만을 중요한 문제로 볼 뿐이다.

자본과 노동의 상호 제약성과 동시성, 그리고 후자에 대한 전자의 막강한 지배력과 전자에 대한 후자의 절대적 의존성이 전제되는 자본주의적 사적 소유의 관계에서 생산이란, 생산수단을 소유하지 못한 채 노동력을 판매함으로써 생존해야 하는 노동자를 "**상품**으로, **인간 상품**으로, 상품의 규정 속에 있는 **인간**으로 생산하기만 하는 것은 아니다. 이러한 규정에 상응하여 생산은 인간을 **정신적으로도** 육체적으로도 **탈인간화된** 존재로서도 생산해 낸다." 앞서 「제1분책」 내 노동의 소외를 다루는 곳에서 마르크스가 지적하고 있듯, 이와 같은 상태에서는 노동자도 자본가도 한 사람의 전인적 인간으로서 존재할 수 없고, 경제적 이윤의 극대화라는 목적 및 생존을 위한 임금의 획득이라는 목적 아래 인간의 모든 노력과 활동을 종속시켜 수단화하는 불구적 인간을 생산할 수밖에 없다. 결국 자본주의적 사적 소유의 상태가 생산하는 것은 "**자기 의식적**이고 **자기 활동적인 상품** ⋯ 인간 상품이다."

마르크스에 의하면, 이러한 자본주의적 생산에는 인간, 사회, 자연을 포함한 모든 영역에 걸쳐 추상화의 힘이 작용한다. 사적 소유의 관계하에서 인간은 오직 노동자로서만 존재할 뿐이고, 그가 수행하는 활동 또한 노동으로서만, 생산적 노동으로서만 그 가치와 의미가 평가된다. 그리고 노동자로서의 인간이 행하는 활동으로서의 노동은 인간 자신의 본래적 목적인 자기실현을 위해 존재하는 것이 아니기 때문에, 인간에게 낯설고 이질적이며 소원한 활동으로 맞서게 된다. 사적 소유의 관계에서는 그가 어떤 개성, 어떤 특성, 어떤 인격을 갖춘 사람인지는 중요하지 않다. 단지 그가 임금노동자로서, 자본을 위해서 어느 정도의 노동을 수행할 수 있는지, 오직 노동자로서 활동할 수 있는지만이 중요하며, 그의 노동력의 금전적 가치가 얼마인지가 중요할 뿐이다.

후일 마르크스가 『자본』에서 사용가치와 교환가치라는 두 개념의 관계를 통해 분석하게 될 이 추상화야말로 마르크스가 여기 『경제학-철학 초고』에서 자본주의적 생산양식이라는 개념 대신 사용하고 있는 '사적 소유의 관계'를 관통하는 가장 중요한 힘이다. 이러한 맥락에서 마르크스는 이 사적 소유의 관계에서 "인간 활동이 **노동**으로서, 따라서 자신에게 완전히 낯선, 인간 및 자연에 낯선, 그 때문에 의식 및 생활 표현에도 낯선 활동으로서 생산된다는 것, 인간이 한갓 **노동하는 인간**으로서, 따라서 매일매일 그의 충만한 무로부터 절대적 무로 전락할 수 있는, 그의 사회적인, 그러므로 그의 현실적인 비현존재로 전락할 수 있는 인간으로서 **추상적으로** 실존"한다고 지적한다. 교환가치로 표시되는 노동력 제공자 이외에, 그 외부에서 존재하는 인간 존재의 다양성, 인격의 깊이, 개성과 특이성, 한마디로 인간에 귀속된 온갖 종류의 풍요로운 특성은 사적 소유의 관계 하에서 철저하게 탈각되고 추상화된다. 그렇게 추상화되어 오직 노동하는 인간으로서 실존하는 자는 궁극적으로 아무것도 아닌 존재, 아무런 내용과 성격을 지니지 않는 무차별적인 동일자로 환원되고 만다. 사적 소유의 관계 아래에서 인간은 무, 그것도 절대적 무이며, 현존하면서도 결코 현존한다고 말할 수 없는 비현존재라는 것이다.

174

사적 소유의 관계하에서 필연적으로 나타나는 인간존재의 추상화는 동시에 이 인간 활동의 대상에 대해서도 동일하게 적용된다. 인간의 노동을 통해 지속적 변형을 겪는 대상인 동시에 인간 자신을 변형시키는 계기로 작용하는 자연은 추상적 무로 전락한 인간이 그런 것처럼 더 이상 어떤 특정한 성질이나 속성을 갖는 다채로운 것으로 제시되지 않는다. 그것은 오직 더 많은 이윤을 생산할 잠재적 힘을 가진 자본일 뿐이며, 또한 그것이 자본이라는 점에서 모든 것은 무차별적으로 동일하다. 요컨대 "자본 속에서 대상이 지닌 모든 자연적, 사회적 규정성은 **녹아 없어져 버리고**, 사적 소유가 그 자연적, 사회적 질을 (따라서 모든 정신적 및 사교적 환상들을 상실해 버리고 외견상으로 인간적인 관계들과 하등 뒤섞이는 것이라곤 없게 된다)상실해 버린다." 자본주의 사회에서 누구의 자본인지에 따라 그 자본에 소유자의 인격이 입혀질 수 없듯, 모든 것이 자본인 사회에서는 그 자본을 누가 생산하는지, 누가 소유하는지, 어떻게 사용하는지의 문제는 아무래도 상관없다. 사적 소유의 관계하에서는 "**동일** 자본이 극히 다양한 종류의 자연적 및 사회적 현존재 속에서 여전히 **동일한 것으로** 존재하며 그 **현실적** 내용에 대해 전적으로 무관심"한 그런 자본으로 생산되는 것, 오직 그것만이 문제의 핵심일 뿐이다.

❧

자본과 노동 범주의 동시성과 상호 제약성, 노동 범주에 대한 자본 범주의 일방적인 지배와 세력화, 이 두 범주의 불균등한 세력관계가 일반화된 사적 소유로서의 자본주의 생산양식의 본질적 힘인 추상화 및 그 귀결, 끝으로 자본과 노동의 이와 같은 관계에 대한 고찰을 수행하지 못하고 자본주의를 직접적으로 주어진 자연적인 것으로 탈역사화하고 이것을 인준하는 국민경제학에 대한 비판적 서술을 제시한 후, 마르크스는 「제2분책」에서 자본주의가 어떤 과정을 거쳐서 일반화되었는지에 대한 간략한 역사적 조망을 제시한다. 중세 봉건제적 생산양식으로부터 자본주의적 생산양식으로의 이행이라는 역사적 과정과 관련한 상세한 설명은, 1848년 작성된 『공산당 선언』과 1867년 『자본』의 '본원적 축적'이라는 이름이 붙여진 장에서 보다 상세히 제시된다. 「제2분책」의 중·후반부에서는 이 이행과 관련해 과도기에 나타나는 토지 소유자로서의 지주와 산업 자본가 사이의 갈등을 부동산적 사적 소유와 동산적 사적 소유의 투쟁과 갈등 및 전자에 대한 후자의 압도적이면서도 필연적인 승리로 일괄하여 다루고 있을 뿐이다.

지주와 자본가가 벌이는 이 투쟁과 관련하여 마르크스는 "발전의 **현실적** 진행으로부터 … 완성되지 않은 반쪽의 사적 소유인 토지 소유자에 대한 **자본가**의, 다시 말해서 완성된 사적 소유의 필연적 승리가 귀결된다."라고 언급한다. 완성된 사적 소유란, 봉건적 토지 소유에 기반한 전자본주의적 생산양식의 완전한 해체 및 극복을 뜻하는 것으로서, 이를 마르크스는 다른 모든 형태의 사적 소유에 대한 화폐의 승리라고 규정한다. 이 승리의 결과, 사적 소유의 관계는 이제 단순한 두 개의 범주로 축소된 자본과 노동으로 규정된다. 마르크스는 봉건적 사적 소유로부터 자본주의적 사적 소유로의 이행이 완결된 후, 따라서 자본과 노동이라는 두 개의 범주로 기존의 모든 관계가 단순하게 재편된 후, 이 두 범주가 거쳐야 하는 과정을 헤겔의 변증법에 기대어 다음과 같이 서술한다.

첫째, 자본과 노동은 우선 직접적으로 통일되어 있거나 혹은 자본은 노동을 매개로, 노동은 자본을 매개로 불가분리적으로 통일되어 있다. 한쪽은 다른 한쪽이 없이는 존재할 수 없다. 따라서 자본은 곧 노동이며, 노동은 곧 자본이다. 달리 말해 자본은 죽어 버린 또는 객체화된 활동이며, 노동은 활동하는, 주체화된 자본이다. "자본과 노동은 처음에는 아직 통일되어 있다. 그다음에는 분리되어 있고 서로 소외되어 있기는 하지만, **적극적** 조건으로서 서로를 고양시키고 촉진한다."

그러나 둘째, 자본은 자본으로서 자기 정체성을 갖는 범주이고, 이는 노동 또한 마찬가지다. 따라서 양자의 직접적 통일 또는 매개적 통일은 자본과 노동이라는 두 범주의 독자적 존립으로 인해 상호 대립적 관계를 형성하게 된다. 자본은 노동의 비존재 또는 비현존재일 때에만 자본일 수 있으며, 노동은 자본의 비존재 또는 비현존재일 때에만 노동으로서의 자기 정체성을 가질 수 있다. 간단히 말해 자본은 노동을 타자로서 자기 자신으로부터 배제함으로써 자본으로서의 자기 정체성을 유지할 수 있고, 노동 또한 자본을 자신의 타자로 배제할 때에만 노동으로서의 자기 정체성을 유지하는 것이 가능하다. 각 범주가 갖는 이와 같은 자립성 또는 독자성으로 인해 두 개 범주는 각자가 다른 범주에 맞서 상호 대립하며, 이를 통해 상대방에 대해 자기 존재를 관철시키고자 한다. 두 범주의 독자성과 자립성 주장으로 인한 이와 같은 대립적 상황을 마르크스는 다음과 같이 서술하고 있다. "**양자의 대립.** 서로 상대방을 배제한다. 노동자는 자본가를 자신의 비현존재로 인식하며, 역으로 자본가는 노동자를 자신의 비현존재로 인식한다. 각자는 다른 편에게서 자신의 현존재를 빼앗으려 한다."

자본과 노동 양자가 서로에 대해 적대적으로 대립하면서 자신의 자립성과 독자성을 강하게 주장하면 그 결과는 어떻게 될까? 마르크스는 이로부터 각각의 범주 내에서 자기 자신과 타자로의 분할 또는 두 범주의 몰락을 끌어낸다.[15] 자립성이 강화된다는 것, 다시 말해 한 범주가 다른 범주를 배제하고 타자화하면서 자기 자신의 독자적 자립성을 강력하게 주장하고 관철시키려 한다는 것은, 다른 관점에서 보면 오히려 자립적이

---

[15] 자본과 노동이 겪게 되는 이 세 가지 단계적 발전 과정은 헤겔의 「본질 논리학」에 제시된 범주들의 변증법적 운동 논리를 마르크스가 차용해 온 것이다. 동일성, 구별, 대립, 모순, 근거로 진행되는 사유 범주들의 운동 과정은 여기에서 자본과 노동의 직접적 또는 매개적 통일로부터 두 범주의 대립 및 이 대립의 격화로서의 모순, 그리고 모순의 첨예화에 이르러 근거로의 몰락이라는 헤겔 변증법적 논리 구조를 그대로 따르고 있다.

고 독자적이고자 하는 만큼 다른 범주에 전적으로 의존하고 있다는 것을 의미하기도 한다. 따라서 각각 자립적 범주들로서의 자본과 노동은 자본으로서, 또는 노동으로서의 자기 동일성을 유지하지 못하고, 필연적으로 자신에 적대적인 타자성을 포함하게 되며, 이를 통해 타자에 대한 배제와 대립의 단계를 넘어 자기 자신에 대립하게 되고, 자체 내에 모순을 포함하게 된다. 자본은 자본이면서 동시에 자본이 아니고 노동은 노동이면서 동시에 노동이 아니라는 이 모순 때문에, 자본은 비자본, 즉 노동으로 전락하거나 스스로를 해체하며, 그 역도 마찬가지라는 것이다. 마르크스는 이것을 "각자의 자기 자신에 대한 대립. 자본=축적된 노동=노동"이라고 축약적으로 서술한다. 마르크스에 의하면 두 범주의 자립성에 기반한 강한 대립이 모순으로 강화되어 각각 다른 범주로, 즉 자본의 노동으로의, 노동의 자본으로의 전락은 필연적이다.

실제로 마르크스가 헤겔의 변증법을 빌려 자본과 노동의 관계를 서술하면서 구체적으로 무엇을 염두에 두고 있었는지는 정확하게 알 수 없다. 특히 두 범주의 대립이 격화되면서 두 범주가 상호 반대되는 타자로 이행하여 각자의 자립성을 상실하게 되는 세 번째 국면과 관련하여,「제2분책」에서 '사적 소유의 관계'라고 시종일관 언급하고 있는 것을 자본주의적 생산양식의 붕괴나 몰락으로 단정하는 것은 성급한 판단일 것이다. 다만 여기「제2분책」의 말미에 변증법적 논리 전개에 기대어 서술된 자본과 노동에 대해서는, 마르크스가 보기에 이 두 범주가 부르주아 경제학자들이 상정하곤 하는 것처럼 기계적이고 병렬적으로 분리된 독자적 범주가 아니라는 것, 자본과 노동이라는 두 범주의 존재 자체가, 더 구체적으로는 자본가와 노동자라는 두 계급 자체가 사적 소유의 관계에서는 필연적으로 관련되어 있으며, 따라서 자본가로서의 정립은 노동자로서의 반정립과 항상 동시적이라는 것을 지목하는 데 관심이 있다고 보는 것이 타당할 것이다. 두 범주 또는 계급이 갖는 이와 같은 동시적 공존성, 그리고 각각의 범주가 자기 동일성을 가지고 존재한다는 사실 자체가 이미 이 동일성을 붕괴시킬 타자성을 자체 내에 하나의 계기로서 포함할 수밖에 없다는 통찰을 기반으로 아마도 마르크스는 1848년『공산당 선언』에서 그 유명한 문장을 쓸 수 있었을 것이다.

"그러나 부르주아지는 자신들에게 죽음을 가져올 무기만을 벼려 낸 것은 아니다. 그들은 또한 이 무기를 들게 될 사람들, 즉 현대 의 노동자인 프롤레타리아트도 낳았다."

4. 「제3분책」

『경제학-철학 초고』를 편찬한 MEGA의 편집진에 의하면 이 「제3분책」은 전체적으로 논리적인 틀을 갖춘 완결된 논문이 아 니며, 서로 다른 주제 아래 작성된 여러 종류의 글들을 포함하 고 있다. MEGA의 편집진은 「제3분책」이 크게 네 가지 부분으 로 이뤄져 있다고 밝힌다. 첫째, 「제3분책」의 시작 부분은 앞선 「제2분책」 가운데 유실된 원고를 이어 쓴 것들이다. 원고가 유 실되었기 때문에, 실제 어떤 내용이 적혀 있는지 정확하게 확 정할 수는 없지만, 해당 부분에서 마르크스가 자본과 노동을 각각 사적 소유의 객관적 본질과 주체적 본질로 간주하며 이 두 가지 운동을 산업자본주의로의 귀결이라고 쓰고 있는 점으 로 미루어, 부르주아 경제학에 대한 마르크스의 비판적 분석이 실려 있을 것으로 짐작된다. 「제3분책」의 두 번째 부분은 사적 소유의 지양과 관련하여 마르크스가 『경제학-철학 초고』에서 제시한 공산주의에 대한 당대의 다양한 구상들을 비판한 부분으로서, 인간, 사회, 역사에 대한 마르크스의 철학적 이해가 농축되어 있다. 세 번째 부분은 헤겔의 『정신현상학』과 『논리학』을 중심으로 헤겔 변증법의 공과를 상세히 분석하고, 이에 대하여 자신의 유물론을 대립시키고 있는 부분, 그리고 짧은 단편들로서 화폐, 사적 소유와 욕구, 분업 등에 대한 기존 문헌 발췌 및 이에 대한 마르크스의 평가로 이뤄진다. 마지막 네 번째 부분은 『경제학-철학 초고』 맨 앞에 놓여야 할 「서문」 초안인데, 우리는 이 「서문」을 MEGA 편집진이 구성한 『경제학-철학 초고』의 논리적 재현 순서에 따라 가장 먼저 살펴본 바 있다.

이 때문에 「제3분책」 전체는 한 편의 완결성이나 체계성을 갖춘 논리적 글 모음이라기보다는 각각의 주제, 즉 인간에 대한, 자본주의적 생산에 대한, 노동에 대한, 분업 및 화폐에 대한, 그리고 헤겔의 사변적이고 관념적인 변증법에 대한 마르크스의 관점과 견해를 서술해 놓은 일종의 글 모음이라고 보아도 무방하다. 우리는 이하에서 마르크스가 「제3분책」에서 서술한 순서를 따라가며, 해당 주제 및 내용들을 살펴볼 것이다.

1) 사적 소유와 노동

사적 소유와 노동이라는 제목이 붙은 「제3분책」의 첫 부분은, 분실된 「제2분책」의 일부에 대한 보충 설명으로부터 시작된다. 여기에서 일단 마르크스는 사적 소유의 핵심을 이루는 것이 노동이라는 것을 전제로 삼는다. 부의 본질이 노동으로부터 비롯된다는 것은 마르크스가 새삼스럽게 주장하거나 발견한 것이 아니다. 경제학설사의 흐름에서 노동가치설은 모든 부의 원천을 토지에서 찾았던 중농주의학파에 대한 반발로부터 등장한 것이다. 스미스와 리카도 등으로 대표되는 국민경제학자들에 이르게 되면, 인간의 모든 물적 부를 창출하는 동력이 노동이라는 '노동가치설'은 광범위하게 승인되고 받아들여진다. 이 때문에 마르크스는 스미스를 필두로 한 국민경제학이 사적 소유 또는 부의 본질을 인간의 노동 외부에 대상적으로 존재하는 금은이나 상업적 거래에서 찾았던 중금주의나 중상주의와 달리, 노동을 사적 소유의 원리이자 본질로 인정했다는 점에서 정당하게 평가돼야 한다고 말한다. "부의 **주체적 본질**을 ―사적 소유 내부에서― 발견했던 이 계몽된 국민경제학"에서 "**애덤 스미스는 국민경제학상의 루터**"와도 같은 위치를 차지한다는 것이다. 그럼에도 불구하고 마르크스가 부정하거나 문제를 제기하는 것은 노동가치설이 아니라, 국민경제학들이 부의 원천으로서 지목한 이 노동이 '자본주의적 사적 소유' 아래 시행되는 노동이라는 점이다. 따라서 문제는 '어떤 조건 아래에서 수행되는 노동인가'하는 점에 있다.

마르크스는 국민경제학과 중농주의 및 중상주의를 노동에 대한 관점을 기준으로 대조한다. 중농주의와 중상주의가 물적 부를 창출하는 인간 노동을 평가 절하한 반면, 국민경제학은 인간 노동을 모든 부의 주체적 본질로 보았다는 점에서 옳았다는 것이다. 예컨대 중농주의자들은 물적 부의 원천을 토지에서 찾았고, 중상주의는 상업과 교역에서 찾았으나, 스미스와 리카도 등만은 노동에서 부의 본질을 발견했다는 점에서 중농주의나 중상주의보다 한층 진일보한 것이라고 볼 수 있다는 입장이다. 이러한 맥락에서 마르크스는 인간의 노동이 부의 원천이며, 또 그것이 인간의 사적 소유에 대한 정당한 권한을 부여한다고 인정한 국민경제학의 관점에서, 중농주의나 중상주의는 물적 부의 원천을 파악하지 못한 채, 그것을 인간의 노동 산물로 평가하지 못하고 노동보다 자연물인 토지를, 또한 상업이

나 교역 활동을 부의 근본적 원천으로 파악하고 있다는 점에서
일종의 물신숭배자들 또는 카톨릭교도들로 보인다고 비꼰다.
토지와 그의 산물 또한 인간의 주체적 활동을 통한 산물임에도
불구하고 주객을 전도시켜, 인간 활동을 토지 산물에 대해 부
차화한다는 점에서 이는 물신숭배와 같은 것이고, 신이 인간의
자기의식의 산물임에도 불구하고 인간의 자기의식보다 신을
더 추켜세우는 것 또한 동일한 맥락에 있을 것이기 때문이다.
요컨대, 마르크스는 국민경제학자들의 주장을 충실히 계승하
여, 노동이야말로 모든 물적 부의 원천이라는 입장을 고수하고
있는 것이다. 인간의 모든 물질적 부는 인간의 주체적 활동이
객관적으로 대상화되어 독립적으로 존재하고 있는 것일 뿐이
다. 이러한 맥락에서 마르크스는 "인간의 외부에 존재하고 인
간으로부터 독립적인 —따라서 어떤 외적 방식으로만 보존하
고 옹호해야 할— 부는 지양된다. 다시 말해서 사적 소유가 인
간 자신과 합병되고 인간 자신이 그 사적 소유의 본질로 인식
됨으로써 이러한 부의 **외적이고 몰사상적인 대상성**은 지양된다"
라고 서술함으로써 국민경제학의 공로를 정당하게 인정하고
있다.

그러나 마르크스가 인정하는 국민경제학자들의 공로는 여기에서 그친다. "노동을 자신의 원리로 삼고 있는 국민경제학이 인간에 대한 인정이라는 가상 아래에서 오히려 인간에 대한 부인을 수미일관하게 수행"한다는 이유에서다. 모든 부의 원천을 인간의 노동으로부터 찾았다는 점에서 인간의 주체적 본질과 활동성을 인정한 국민경제학은 마르크스가 보기에 오직 외관상으로만 그럴 뿐이며, 그 본질적 내용에 있어서는 실질적으로 인간의 주체적 활동성을 오히려 부정한다는 것이다. 왜 그런 것일까? 국민경제학자들이 인간 노동의 산물인 사적 소유를 그 발생에 관한 역사적 고려 없이 자연스러운 것으로 인정하고 있기 때문이다. 달리 말해 자본주의적 사적 소유의 본질은 모두 인간의 주체적 활동성인 노동으로부터 비롯되는 것임에도 불구하고, 국민경제학은 오직 부의 원천이 노동이라는 것만을 승인했을 뿐, 어떤 역사적 맥락과 이유에서 자본주의적 사적 소유가 정당한 것인지 탐구하지 않고 있다. 이 때문에 그들은 역사적 변천 과정을 가지고 있는 자본주의를 자연적으로 주어진 경제체제로 간주하고, 자본주의하에서 두드러지는 시장에서의 경쟁을 인간의 자연적 본성으로 돌리고 만다. 즉, 자본주의적 생산양식 아래에서 모든 인간이 자신의 노동 산물에 대해 배타적 소유권을 행사하는 것은 아님에도 불구하고, '노동=사적 소유'라는 등식에 입각하여 소유의 본질은 노동이고, 따라서 소유는 자연스러운 것이라는 논리적 오류를 범하고 있다는 것이다. 마르크스는 국민경제학의 이와 같은 몰역사성의 견지를, "이전에는 **자기 외적 존재**, 인간의 실질적 외화였던 것이 단지 외화의 행위, 즉 양도가 되었다"라고 요약한다.

국민경제학은 노동과 사적 소유 사이에 놓여 있는 간극과 긴장을 간파하지 못하거나 외면하고 있기에 모든 부의 창출 원천을 인간 노동으로부터 찾는 국민경제학적 전제란 하나의 가상에 지나지 않는다. 마르크스는 국민경제학이 취하고 있는 이와 같은 모순의 최종적 귀결이 물적 부의 세계로부터 인간을 삭제해 버린 경제적 이성이라고 주장한다. 특히 모든 경제적 활동의 영역으로부터 그 주체가 되는 인간을 삭제해 버린 채, 모든 것을 손익계산에 입각한 경제적 환산표로 바라보는 국민경제학의 귀결은 '냉소주의'다. 결과적으로 마르크스는 스미스, 세, 리카도와 밀에 이르는 국민경제학의 흐름 속에서 자본주의적 사적 소유로부터 파생된 인간의 소외는 더욱 가중되고, 사물 세계는 인간 세계에 더욱 적대적인 힘으로 맞선다고 보았다. 하지만 국민경제학에게 이 소외는 단지 자본주의가 낳은 부작용 가운데 하나로만 인식될 뿐이며, 국민경제학의 전면에는 경제적 손익계산에 입각해 어떻게 해야 이윤을 창출할 수 있을 것인가라는 문제만이 등장할 뿐이다. 마르크스는 국민경제학이 자본주의적 사적 소유와 인간의 노동에 대해 취하고 있는 입장이란 결국 "분열의 원리"에 입각해 있다고 본다. 마르크스에 의하면 국민경제학을 관통하는 이 분열의 원리는 궁극적으로 사적 소유에 의한 인간의 완전한 지배, 또는 인간의 완전한 종속으로 끝난다는 것을 의미한다. 여기서 더 나아가 마르크스는 국민경제학의 원리로서 이 분열의 원리가 가장 보편적이고 세계사적인 힘으로서 사적 소유의 승리와 예찬에서 정점에 이르게 될 것이라고 진단한다. 이것이 자본주의적 사적 소유에 대한 역사적 분석을 시도하지 않고 주어진 세계를 실증적으로 인준하는 국민경제학의 필연적 귀결이다.

그런데 스미스로부터 시작되는 국민경제학은 어떤 경로를 통하여 노동을 부의 본질로, 사적 소유의 본질로 확정하게 되었을까? 이 물음에 답하기 위해서는 스미스 이전에, 마르크스가 여기에서 서술하고 있는 중농주의 이론에 대해 간략하게 살펴볼 필요가 있다. 잘 알려져 있는 것처럼, 스미스가 『국부론』에서 노동을 모든 부의 원천이라고 천명할 수 있었던 데에는 그 이전에 있었던 중농주의 이론이 스미스에게 영향력을 미쳤기 때문이다. 그리고 마르크스는 여기에서 중농주의에 대한 축자적인 서술을 통해, 그 이론이 산업자본주의에 이르게 되는 일종의 매개 역할을 하고 있다는 것, 다시 말해 부의 창출과 관련하여 노동에 일정한 의미를 부여했다는 점에서 긍정적인 역할을 하였다는 점을 명확하게 제시하면서, 이와 동시에 중농주의 이론에 내재한 한계를 지적하고 있다.

경제학설사에서 중농주의는 프랑스의 케네에 의해 창설된 것으로 알려져 있다. 부를 금은과 같은 객관적 사물로 간주하였던 중금주의, 그리고 중상주의적 사고방식과 달리, 케네는 부가 생산을 통해 산출된다고 주장했다는 점에서 후일 스미스가 정립한 노동가치론의 맹아를 제공했다. 그런데 중농주의란 말 그대로 농업을 중심에 두는 이론, 즉 농업을 가장 중요하게 생각하는 이론을 의미한다. 다시 말해서 중농주의는 부를 산출하는 모든 생산을 중요하게 간주했던 것이 아니라, 토지를 일구는 농업노동을 통해 부가 산출된다고 주장했다는 점에서 부를 인간 노동의 외부에 객관적으로 존재하는 금은과 같은 사물로 환원시킨 이전의 경제학 이론과 차별화되었다. 중농주의는 토지에 붙박인 노동, 즉 농업노동만이 진정한 부를 산출하며, 제조업 노동은 농업노동을 통해 산출된 부를 이런저런 형태로 변형하는 데 그칠 뿐이라고 보았다. 스미스가 중농주의에 비해 진일보한 점은, 토지에 붙박인 부의 원천을, 다시 말해 자연에 매몰된 부의 원천을 '인간의 노동 일반'으로 전환시킨 데 있다. 간략히 말해 중농주의는 앞서 존재했던 중금주의 및 중상주의와 달리 부의 원천을 인간의 생산적 활동으로 전환시키기는 하였으나, 이 생산적 활동을 농업노동에 국한시켰다는 점에서 일정한 한계를 노정한다.

이하에서 마르크스는 국민경제학에 대한 이와 같은 비판을 전제로 하여, 인간의 소외를 지양할 수 있는 방안을 적극적으로 제시한다. 이를 위해 그는 당대 활발하게 논의되고 있었던 다양한 공산주의 이론들을 대상으로, 그에 내재한 한계들을 짚어 내며, 사적 소유가 전면화된 자본주의 사회 너머를 지향하는 공산주의가 어떤 것이어야 하는가를 보여 주고자 한다.

2) 사적 소유와 공산주의

마르크스에게 공산주의에 대한 이해와 정의는 사적 소유를 어떻게 파악하는가와 불가분적인 관계를 갖는다. 공산주의에 대한 마르크스의 정의 및 이해는 『경제학-철학 초고』이외에도 여러 저작에 걸쳐 드문드문 나타나기는 한다. 그러나 『경제학-철학 초고』는 마르크스가 처음으로 공산주의에 대해 포괄적으로 이론적인 정의를 제시한 저작으로 평가되고 있다. 특히 『경제학-철학 초고』에서 정의된 공산주의는 프루동이나 푸리에, 생시몽과 같은 일련의 개혁주의적 성향의 사회주의자들의 그것과 극명하게 대비된다. 왜냐하면 여기에서 마르크스는 공산주의에 대한 자신의 이해와 정의가 여타의 공산주의와 어떻게 차별화되는가를 매우 분명하게 서술하고 있기 때문이다.

마르크스가 공산주의를 『경제학-철학 초고』에서 어떻게 이해하고 있는가를 파악하기 위해 해당 절의 서술의 흐름을 그대로 따라가 보도록 하자. 우선 마르크스는 이 장의 서두에서 사적 소유가 역사적 과정을 벗어난 추상으로 이해되어서는 안 된다는 점을 분명하게 주장한다. 요컨대 근대 자본주의적 사적 소유 이전에도 사적 소유는 존재했지만, 자본과 노동, 자본가와 노동자라는 대립적 관계를 통해 등장한 사적 소유는 근대 자본주의의 독특한 산물이라는 것을 분명하게 이해해야만 한다는 것이다. 자본주의 내에서 소유와 무소유의 대립은 중세 봉건제적 대립이나 고대 노예제적인 대립과 본질적으로 차별화된다. 자본주의적 사적 소유에서만 '무소유와 소유의 대립이 노동과 자본의 대립'으로 나타나므로, 자본주의적 사적 소유에 대한 개념적 파악 역시 이 노동과 자본의 대립 관계로 파악되어야 하기 때문이다. 이런 관점에서 마르크스는 사적 소유가 노동과 자본의 핵심적인 본질이라는 것을 강조함과 동시에, 노동이 소유의 배제로서 사적 소유의 주체적 본질을 이루는 반면, 자본은 노동의 배제로서 사적 소유의 객체화된 본질을 이룬다는 점을 파악해야 한다고 서술한다. 달리 말해 노동은 사적 소유를 이루는 살아 활동하는 주체적 본질인 반면, 자본은 이 노동이 축적된 결과물이자 노동이 객체화된 산물로서의 사적 소유와 동일하다는 것이다. 사적 소유와 자본, 그리고 노동이 맺는 이 유기적 관계를 전제로, 마르크스는 당대 개혁주의적 성향을 가진 사상가들이 자본주의적 사적 소유하에서 발생하는 제반 문제들을 어떻게 파악하고 있는지와 이를 해소하기 위해 어떤 대안을 제시하고 있는지 발췌하고, 이에 대한 비판을 가한다.

이 절에서 마르크스가 언급하고 있는 푸리에, 생시몽, 그리고 프루동은 사적 소유가 갖는 유해함, 그리고 그것이 불러오는 부정적 양상들을 파악하고는 있지만, 이 사적 소유의 사회적 관계를 적극적으로 지양하려고 하지 않는다. 이들은 대체적으로 "노동의 특수한 방식"을 문제의 근원으로 지목하거나, "노동자의 처지 개선"이 중요하다고 주장한다는 점에서 일정한 한계를 가질 수밖에 없다는 것이 마르크스의 생각이다. 그리고 이로부터 다음과 같은 유형의 공산주의가 등장한다.

첫째, "조야하고 생각 없는 공산주의"다. 이 첫 번째 유형의 공산주의는 사적 소유를 지양함으로써 사적 소유를 보편화하는 공산주의다. 마르크스의 설명에 의하면, 이 유형의 공산주의는 인간이 가진 재능과 개성의 차이로부터 오는 일체의 차이를 "폭력적 방식으로 도외시하면서" 모든 것을 평준화하는 공산주의다. "**물적** 소유의 지배가 너무나 거대하게 공산주의에 맞서 있으므로, 공산주의는 모든 사람들에 의해 **사적 소유**로서 점유될 수 없는 **모든** 것을 파괴하고자 한다." 그리고 그 결과는 존재하는 사물 세계의 모든 것을 공동의 것으로 전환시키는 것으로, 그 극단에는 여성의 공유에까지 이를 수 있는 공산주의가 있다. 가질 수 없는 것을 모두의 것으로 평준화함으로써 일체의 사적 소유를 부정하는 이 공산주의에서는 모든 사람이 다 똑같은 노동자이며, 다 똑같은 봉급을 받는 자들이다. 마르크스는 "인간의 **개성**을 도처에서 부정하는" 이 조야한 형태의 공산주의와 관련하여 "공동체란 **노동**의 공동체일 뿐이요, 공동체적 자본, 즉 보편적 자본가로서의 **공동체**가 지불하는 **봉급** 평등의 공동체일 뿐이다"라고 비판한다. 모든 것을 똑같이 평준화하는 이 조야한 공산주의를 마르크스는 "사적 소유의 저열함이 **현상한 형태**"에 불과할 뿐이라고 본다. 마르크스에게 공산주의는 인간이 가진 재능이나 개성의 차이를 거세하여 모든 것을 평준화하는 몰개성적 공동체가 아니다.

둘째, "정치적 본성을 지닌 공산주의"다. 이 공산주의는 앞서의 조야하고 생각 없는 공산주의보다는 진일보한 것이지만, 여전히 정치적 영역 안에서 소외된 노동의 현실을 극복할 수 있다고 보는 점에서 일정한 한계를 가질 수밖에 없다. 노동자에게 투표권을 부여하면 소외가 사라지는가? 혹은 제도를 민주적으로 개혁하고 사회 구성원들의 참여 입지를 민주적 방식으로 재편하면, 노동의 소외가 사라지는가? 혹은 국가를 없애기만 하면, 다시 말해 국가를 지양하는 것만으로 소외는 극복될 수 있는가? 이에 대해 마르크스는 설령 그것이 진일보한 대안일 수 있다 하더라도 인간이 소외된 현실, 즉 노동의 소외된 현실은 여전히 사라지지 않고 남을 것이라고 전망한다. 이 공산주의는 "사적 소유의 적극적 본질을 파악하지 못했고, 마찬가지로 욕구의 **인간적** 본성을 이해하지 못했기 때문에 여전히 사적 소유에 붙잡혀 있고 감염되어 있다." 정치적 영역에서의 평등한 권리 실현을 지향하는 공산주의에서 정치적 해방은 사회적 해방의 필요조건이 될 수는 있으나, 필요충분조건이 될 수는 없다.

셋째, "**인간의 자기소외로서의 사적 소유의 적극적** 지양으로서의 **공산주의**"다. 이 공산주의는 "인간에 의한, 인간을 위한, **인간적** 본질의 현실적 **자기화로서의 공산주의**"이자, 인간 본질의 사회적 소외 상태로부터 "**사회적인**, 다시 말해 인간적 인간으로서의, 인간 자신의 완전한 귀환"을 성취한 공산주의다. 마르크스는 이 공산주의가 지금까지 대립적으로 존재해 왔던 인간과 자연 사이의, 인간 개인과 인류, 즉 유 사이 등등의 참다운 해결책이라고 서술한다. 어떤 점에서 그러한가? 이 공산주의는 소유를 평준화하는 것이 중요한 문제라고 파악하지 않으며, 정치적 제도의 변혁이나 국가의 지양을 사적 소유가 불러온 소외의 발본적 해결책이라고 수용하지 않는다. 왜냐하면 이 공산주의는 사적 소유가 인간의 본질적 힘을 소외시키고 축소시키는 원인이라 파악하고 있으며, 자본과 노동의 상호 유기적 관계 속에서 이 양자 간의 대립이 사적 소유하에서 불가분적인 관계를 맺는다는 것을 알기 때문이다. 또한 노동이 사적 소유의 주체적 본질이자, 자본이 노동의 객체화로서 사적 소유의 객관적 본질이라는 것을 개념적으로 파악하고 있기 때문이다. 마르크스가 제시하는 공산주의는 인간의 자기소외로서 사적 소유가 적극적으로 지양된 공산주의다. 이로써 마르크스는 인간이 소외로부터 벗어나 참다운 자기 자신으로 존재할 수 있음을, 그리고 이를 통해 인간이 현실적으로 처한 존재 상황과 인간 본질 분리, 개인과 유, 개인과 공동체, 인간과 자연 사이의 대립과 모순이 해소될 수 있다고 주장한다. 이 공산주의를 마르크스는 완성된 자연주의이자 완성된 인간주의라고 명명한다. 그가 보기에 이 공산주의는 사적 소유의 역사적 운동 속에서 필연적으로 발생할 수밖에 없는 것으로서, 사적 소유의 두 측면, 즉 자본과 노동의 대립과 투쟁에 대한 참다운 해결이자 해소라는 점에서 지금까지의 역사적 과정 속에 내재한 수수께끼에 대한 답이다.

이 절의 끝부분에서 마르크스는 공산주의를 '사회주의로서의 사회주의'와 동일한 의미로 사용하면서, 공산주의를 다음과 같이 정의한다.

"사회주의로서의 사회주의는 본질로서의 인간과 자연의 이론적, 실천적으로 감각적인 의식으로부터 출발한다. 사회주의로서의 사회주의는 더 이상 종교의 지양을 통해 매개되지 않는 인간의 적극적인 자기의식이다. 이는 마치 현실적 생활이 더 이상 사적 소유의 지양인 공산주의를 통해 매개되지 않는, 인간의 현실인 것과 같다. 공산주의는 부정의 부정으로서의 긍정이며, 그 때문에 인간해방과 재탈환의 현실적 계기, 바로 다음의 역사발전을 위해 필수적인 계기이다. 공산주의는 바로 다음의 미래의 필연적인 모습이며, 정력적인 원리이다. 그러나 공산주의는 그러한 것으로서는 인간

발전의 목표 ─인간적인 사회의 모습─ 가 아니다."

물론 공산주의에 대한 마르크스의 이와 같은 언급, 즉 인간의 자기소외의 완전한 극복 또는 지양이라는 의미에서 인간주의적인 공산주의에 대한 정의는 이후 『독일이데올로기』나 『공산당 선언』에서 다른 서술로 변주되어 나타나기는 한다. 그럼에도 불구하고 마르크스가 『경제학─철학 초고』에서 제시한 공산주의=인간주의=자연주의라는 등식은 큰 틀에서 변화되지 않은 채, 인간 능력의 총체적이고 전면적인 발현으로서 관철되고 있다.

완성된 인간주의이자 자연주의로서 공산주의에 대한 자신의 견해를 밝힌 후, 마르크스는 다른 서술로 넘어간다. 바로 사적 소유의 적극적 지양으로서 완성된 인간주의, 공산주의에 대한 부연설명이다. 마르크스는 역사의 운동 전체가 이 공산주의를 산출하고 생성시키는 운동 과정이라는 것, 그리고 이 공산주의를 산출하는 혁명의 운동 전체가 현실 속에서, 즉 사적 소유 속에서 그 조건과 전제들을 발견한다고 주장한다. 공산주의는 인간소외의 지양이자, 인간의 대상화로부터 인간의 자신으로의 참다운 귀환이다. 소외의 극복이자, 소외된 인간 생활(종교, 가족, 국가, 법, 도덕, 학문, 예술 등)의 총체적 지양이자 극복이다. 이 때문에 마르크스는 이 소외가 결코 종교적 자기소외의 경우에서처럼 의식 속에서의 극복에 국한되는 것이 아니며, 현실적 생활을 소외시키는 경제적 소외의 극복도 포괄해야 한다고 주장한다. 이 후자를 도외시하고 전자만을 주장하는 것은 공상적 사회주의자들이 마치 형제애나 박애를 통해 소외를 극복할 수 있다고 주장하는 것과 같다.

인간소외의 극복, 즉 인간 본질의 현실적 회복, 인간의 자기 자신으로의 귀환이란 구체적으로 무엇을 의미하는가? 완성된 인간주의이자 자연주의로서의 공산주의에 대한 서술에 이어 마르크스는 인간소외의 표현으로서, 사적 소유의 적극적 지양을 통해 공산주의가 궁극적으로는 인간과 자연, 인간과 인간 사이의 참다운 유대 관계를 회복함으로써 사회적 존재로서의 인간을 구체화한다고 본다. 특히 이 과정에서 마르크스는『경제학-철학 초고』의 핵심 개념 중 하나인 유적 존재로서 인간이 한 사람의 개인으로서 인간과 맺는 관계를 적극적으로 해명하면서, 인간이 본래적으로 사회적인 존재, 즉 사회성을 지닌 존재임을 강조한다. "개인은 **사회적 존재다.**"

우리는 흔히 사회를 개인과 맞세워서 후자가 전자보다 선행하는 것이며, 후자는 전자의 합이라고 표상하곤 한다. 그러나 마르크스는 이러한 사고방식이 오히려 인간과 사회를 그 현실적인 삶의 관계 속에서, 실질적인 삶의 표현 속에서 파악하지 못하는 추상적 사고방식이라고 비판한다. 그 때문에 마르크스는 "무엇보다도 '사회'를 또다시 추상으로서 개인에 대립시켜 고정시키는 일을 삼가야 한다"라고 강조한다. 개인과 사회가 대립적 관계가 아니라, 개인이 사회적 존재라는 점, 달리 말해 개인 안에 그 개인이 생활하는 사회의 조직, 사회의 특수한 성격 등이 내재해 있다는 점을 마르크스는 다음과 같이 서술한다.

"내가 과학적 등등으로 활동한다고 하더라도, 즉 내가 좀처럼 다른 사람들과 직접 공동으로 수행할 수 없는 어떤 활동에 종사하고 있다고 할지라도, 나는 사회적인데, 왜냐하면 내가 인간으로서 활동하기 때문이다. 나의 활동의 재료가 나에게 ―사상가가 그 속에서 활동하는 언어조차도― 사회적 산물로서 주어져 있을 뿐

만 아니라, 나 자신의 현존재가 사회적 활동이다. 그 때문에 내가
나로부터 만드는 것, 그것을 나는 사회를 위해 나로부터 만드는
것이며, 사회적 존재로서의 나의 의식을 가지고, 나로부터 만드
는 것이다."

요컨대 나 자신이 철저히 혼자서 수행하는 활동이라고 할지
라도, 이미 나 자신의 현존, 내가 사용하는 언어, 그리고 내가
나의 특정한 활동을 위해 필요로 하는 여타의 모든 것들은 이
미 내가 속한 사회 속에서 생산된 산물이며, 또 나를 나로서 확
증하는 나의 의식조차도 사회와 전적으로 분리되어 존재하는
추상적인 것일 수 없다는 뜻이다. 개인으로서 인간이 가진 이
사회적 성격을 마르크스는 특히 인간의 유적 성격, 유적 존재
로서의 인간이라고 일컫는다. 이 때문에 개인의 활동이 곧 사
회적 활동이며, 개인은 곧 **사회적 존재**das gesellschaftliche Wesen라는
마르크스의 주장은 "개인적인 것과 인간의 유적 생활은 **상이하
지 않다**"라는 명제로 표명된다. 달리 말하자면 한 개인이 영위
하는 특수한 삶의 표현이나 방식은 유적 생활이 특수한 방식으
로 표현되거나 영위되고 있는 것으로서, 이를 마르크스는 "특

정한 개인은 단지 **특정한 유적 존재**ein bestimmtes Gattungswesen일 뿐"이라고 서술한다.

인간소외의 표현으로서 사적 소유는 인간의 유적 삶, 즉 사회적 존재로서의 삶을 특정한 개인적 삶과 대립시키고, 사회와 개인의 적대적 관계를 강조함으로써, 인간이 가진 이 사회성, 사회적 유대를 상실토록 만든다. 따라서 사적 소유의 적극적 지양으로서의 공산주의 또는 완성된 인간주의이자 자연주의로서의 공산주의는 사적 소유하에서 지배적이었던 유적 존재로부터의 소외를 지양하고, 인간 각자가 사회적 존재로서의 자기 자신으로 귀환하는 것을 보증한다.

그렇다면, 인간소외가 지양된 공산주의 사회에서, 인간이 자기 자신에게 귀환하여 인간 자신으로 존재한다는 것은 어떤 의미가 있을까? 이와 관련하여 마르크스는 이 절에서 인간의 자기 자신으로의 완전한 귀환에 있어 가장 일차적으로, 사적 소유하에서 왜곡되고 파편화된 인간의 감각이 총체적이고 인간적인 감각으로서 복권된다는 것을 강조한다. 마르크스에 의하면, 사적 소유가 지양된다는 것은 이 사적 소유 아래 인간 자신에게 낯설고 왜곡된 형태로 존재해 왔던 인간의 감각들이 복권되고 회복된다는 것을 의미한다. 즉 "사적 소유의 지양은 모든 인간적 감각들과 속성들의 완전한 **해방**이다." 이를 이해하기 위해서는, 인간을 둘러싼 경제적 환경으로서의 사적 소유와 보고, 듣고, 냄새 맡고 만지는 등등의 활동을 수행하는 인간의 감각이 어떤 관계를 갖고 있는가를 알아야 할 필요가 있다. 마르크스가 특히 인간의 몸, 즉 감각에 대해 가지고 있는 독특한 유물론적 입장을 잘 알고 있어야 한다는 것이다.

우선 마르크스는 경제 결정론자 또는 토대 결정론자가 아니다. 또 철학적으로 인간의 의식이나 감각을 외적 세계에 대한 수동적 반응으로 축소하는 기계적 유물론자나 반영론자도 아니다. 그가 지향하는 유물론은 실천적 유물론으로서, 이 유물론에서 인간 주체는 대상 세계와 상호작용하면서 내재적인 연관을 갖는다. 물론 인간은 자신에게 주어진 대상 세계, 즉 그를 둘러싼 환경으로부터 출발한다. 그러나 인간은 이 환경에 갇히거나 종속되어 환경에 순응하는 수동적인 삶을 사는 것이 아니라, 그가 가진 감각, 주체적인 활동과 능력을 통해 환경과 적극적으로 상호작용하며, 이를 통해 자신의 환경을 변화시킴과 동시에 자기 자신을 변화시켜 나아간다. 주체의 변화와 주체를 둘러싼 대상 세계의 동시적 변화를 인정하고, 이 과정에서 주체 자신의 역사와 대상 세계의 역사성을 인정하고자 하는 것을 우리는 실천적 유물론의 기본 관점이자 출발점이라 표현할 수 있다. 그가 주체의 능동적인 활동을 인정하면서도 동시에 유물론자일 수 있는 것은, 주체의 능동적 활동을 이끄는 중심이 관념론자가 말하는 것처럼 정신이나 의식이기 이전에 인간의 몸, 즉 인간의 감각기관에 있다고 보기 때문이다.

예컨대 우리는 우리를 둘러싼 자연을 우리의 감각을 통해 대면하며, 나 아닌 다른 사람들의 현존 또한 우리의 감각을 통해 보증한다. 자연뿐만 아니라 나 이외의 다른 인간도 나에 대해 의식이나 정신이기 이전에 구체적인 형태를 가지고 현존하는 감각적인 몸이기에, 자연은 나에 대해, 그리고 타인 또한 나에 대해 나의 감각적 현존을 통해 인지되고 이해된다. 또한 역으로 나 자신 역시 자연에 대해서나 타인에 대해서나 의식이나 정신이기 이전에 감각적으로 현존하는 몸이다. 이런 점에서 자연의 본질을 인간의 정신이라고 규정하는 일련의 관념론적 사고방식이나, 타자와 나의 본질을 자기의식이나 정신에서 찾는 관념론과 마르크스는 아무런 관련이 없다. 따라서 몸은 정신이나 의식과 분리된 단순한 물질의 덩어리가 아니다. 관념론자라면, 몸의 이와 같은 독특한 특성을 정신이나 의식이 몸으로서 존재한다고 표현하겠지만, 마르크스는 몸과 우리의 감각에 내재된 이와 같은 특성을 몸 또는 감각이 정신화되었다고 표현할 것이다. 몸이나 감각을 떠나 독자적으로 존재하고 활동할 수 있는 정신이나 의식은 없다. 정신이나 의식은 오직 몸이나 감각기관을 통해서만 발현되고, 자신의 흔적을 갖기 때문이다.

더욱이 인간을 둘러싼 대상들의 세계는 인간이 지닌 이러한 감각적 힘들, 즉 가장 기초적이고 생리학적인 힘들부터 역학적인 힘들, 인간의 사유가 표현된 인간 자신의 산물들이다. 인간은 자신의 활동, 즉 감각적 활동을 통해서 대상 세계를 산출하고, 이 과정에서 자기 자신의 감각을 지속적으로 다듬어 간다. 이 때문에 마르크스의 관점에서 보자면, 인간 주체에 맞서 있는 대상 세계는 인간 자신과 무관하게 단순하게 소여된 것도 아니며, 인간 이외의 낯선 존재로부터 창조된 것도 아니다. 그것은 인간 자신의 본질적 힘들이 발현된 결과물이기 때문에, 인간의 본질적 힘들의 다른 존재 방식, 또는 달리 말하자면 대상적 존재 방식이라고 해야 할 것이다. 이런 맥락에서 마르크스는 자연을 '인간화된 자연', 즉 인간의 본질적 힘에 의해 인간적 방식으로 변형된 자연이라는 의미에서 '인간화된 자연'이라고 규정하기도 하며, 또 이를 역으로 표현하여 '자연화된 인간', 즉 인간의 자연으로의 변형이라는 의미에서 '자연화된 인간'이라고 표현하기도 한다. 자연 또는 대상 세계는 인간적인 본질적 힘들 또는 인간적 감각들의 객관적인 존재 방식을 의미한다. 이 때문에 인간은 대상 세계 속에서 자기 자신의 본질적 힘들을 긍정할 뿐만 아니라, 대상 세계를 그 자신의 산물로서 향유할 수도 있다. 이처럼 마르크스에게 대상 세계와 인간은 서로 구별되어 있으면서도 하나다.

그런데 우리가 지금까지 살펴보았던 것처럼, 사적 소유는 대상 세계와 인간의 이와 같은 관계를 부정하거나 왜곡하고, 대상 세계를 인간적 감각의 발현으로 긍정하지 못하게 한다. 특히 자본주의적 사적 소유는 인간의 본질적 힘들이 펼쳐질 자연에 대한 소수의 독점적이고 배타적인 전유를 전제로 하는 것이기에, 인간은 대상 세계를 자기 자신이 가진 본질적인 힘들, 감각들의 다른 존재 방식으로 인식하거나 향유할 수 없고, 자기 자신에게 맞서는 낯설고 이질적인 힘으로 경험하게 된다.

더욱이 이 사적 소유하에서 인간의 감각은 대상 세계와 다양한 방면에서 상호작용하거나 향유하는 것이 아니다. 사적 소유하에서 인간의 감각은 오직 대상에 대한 소유(가짐)에 집중된다. "사적 소유가 우리를 너무나 우둔하고 너무나 일면적으로 만들어 버린 결과 우리가 대상을 가질 때, 따라서 대상이 우리에게 자본으로서 존재할 때나 혹은 우리에 의해 대상이 직접적으로 점유될 때, 즉 먹고 마시고 우리 몸에 걸치고 그 안에 거주할 때 등등, 간단히 말해 대상이 사용될 때에야 비로소 대상은 **우리의 것**이 된다." 요컨대 사적 소유 아래에서는 인간이 창출한 모든 대상들이 오직 소유와 가짐의 대상으로서만 욕구될 뿐이기에, "**모든** 육체적 정신적 감각들 대신 이러한 **모든** 감각들의 빤한 소외, 즉 **가짐**이라는 감각이 들어선다"라는 것이다.

그 결과 인간은 인간 활동의 산물을 자기 자신으로 긍정하고, 그것에 투여된 인간의 다양한 본질적 힘들을 다방면에서 향유하기보다는 오직 대상의 유용성이나 효용성만을 평가하는 감각들을 발달시키게 되고, 그 이외의 나머지 감각들은 이 소유에 몰입된 감각에 의해 부차화되거나 주변화되고 만다. 아무리 아름다운 음악도 그 음악을 즐길 수 있을 만한 귀를 갖지 못한 사람에게는 소음에 불과할 뿐이듯, 대상에 내재한 풍부한 내용도 그 대상을 효용이나 이용의 관점에서만 바라보는 인간에게는 아무런 의미를 갖지 못한다. 굶주린 인간에게는 음식이 갖는 다채로운 맛과 향기, 색깔이나 냄새, 그리고 그것을 함께 나누면서 즐길 수 있는 타인의 현존보다 오직 자신의 주린 배를 채우기 위한 단 하나의 목적만이 중요하듯, 또는 근심에 가득 찬 궁핍한 인간에게는 아무리 고귀하고 고상한 내용을 담은 연극이라 하더라도 그에게 별다른 감흥을 불러일으킬 수 없는 것처럼, 소외된 감각에게는 대상 세계 또한 감각의 범위만큼 축소되거나 제한되어 존재할 수밖에 없다는 것이다. 이런 점에서 마르크스는 "어떤 대상의 의미는 나에게 있어서(대상에 상응하는 감각에 있어서의 의미만을 가지기 때문에) 바로 **나의** 감각이 미치는 범위만큼만 존재"한다고 적는다.

인간소외의 표현으로서 사적 소유의 지양을 의미하는 공산주의는, 이와 같은 맥락에서 인간에게 잃어버린 감각을 복권시키고, 파편화된 감각을 총체적으로 복원시킴으로써, 자연과 인간 사이의, 인간이 산출한 대상 세계와 인간 자신 사이의, 그리고 타인과 나 사이의 참다운 유대 관계를 회복한다. 인간적 감각이 총체적으로 복권된 사회, 그리고 이를 통해 한 사람의 인간이 다른 사람과 함께 사회적 존재로서 활동하면서 사회적 유대 관계를 이루는 이와 같은 사회를 마르크스는 '사회주의로서의 사회주의'라고 일컫고 있다.

3) 헤겔의 변증법과 철학 일반에 대한 비판

이 절에서 마르크스는 크게 세 가지 철학적 흐름을 검토한다. 헤겔 철학, 청년 헤겔학파 및 포이어바흐의 유물론이 그것이다. 마르크스는 이 세 가지 철학적 흐름과 관련하여 우선 이 절에서 "헤겔 변증법 일반에 대해, 특히 『정신현상학』과 『논리학』에서 전개된 헤겔 변증법의 상술에 대해, 그리고 마지막으로 헤겔 변증법과 근래의 비판운동과의 관계에 대해 몇 가지 시사하는 바를 제시해야 할 것 같다"라고 서술의 기본 방향을 제시한다. 무엇보다도 철학적 사유에 대한 비판과 관련하여 마르크스가 염두에 두고 있는 것은 마르크스 자신의 유물론적 관점에 입각하여 그와 대척점을 이루는 헤겔의 관념철학 일반을 비판적으로 검토하는 것이며, 더 나아가 단지 형식적으로만 헤겔 철학에 대해 비판적인 관계를 가질 뿐 헤겔의 관념변증법 및 그의 철학을 반복하고 있는 청년 헤겔학파를 비판적으로 해부하는 것이다. 그리고 『경제학-철학 초고』에서 이 비판을 위한 중요한 준거점을 제공하는 것은 포이어바흐의 유물론, 즉 포이어바흐의 감성적 유물론이다.

청년 헤겔학파는 1831년 헤겔 사후, 헤겔 철학에 대한 해석을 중심으로 등장한 급진적인 일련의 이론가들을 총칭한다. 『루트비히 포이어바흐와 독일 고전철학의 종언』에서 엥겔스는 이 청년헤겔학파의 등장이, 헤겔이 『법철학』「서문」에서 제시한 유명한 명제의 해석과 관련이 있다고 주장한다. "이성적인 것, 그것은 현실적인 것이요, 현실적인 것, 그것은 이성적인 것이다"라는 헤겔의 명제에 대해, 청년 헤겔학파는 당대 독일의 보수적이고 기독교적인 현실을 개혁하기 위해, 이성적인 것은 현실적인 것이 되어야 한다는 해석을 헤겔 철학에 대한 올바른 해석으로 받아들이고, 이를 위해 독일의 낙후한 정치적 현실을 변혁하기 위한 일련의 비판적 작업에 착수했다는 것이다. 그 점에서 청년 헤겔학파는 당시의 사회정치적 현실을 변혁하기 위한 진보적이고 급진적인 색채를 띤 일련의 사상가들을 의미하는 셈이다. 그럼에도 마르크스와 엥겔스는 그들의 이와 같은 진보적이고 급진적인 철학적 색채가 여전히 현실성을 담보하지 못한 관념적인 경향에 머물러 있다고 비판한다. 예컨대 이 절의 서두에서 언급되고 있는 바우어의 경우, 인간의 역사를 구체적이고 현실적으로 생활하는 인간의 산물이나 발전사로 이해하는 것이 아니라 자기의식의 역사적 과정으로 파악함으로써 역사에 대한 관념적 이해를 벗어나지 못하고 있으며, 그 때문에 역사적 과정을 신의 자기행정, 또는 정신의 자기소외와 그 소외로부터의 복귀로 간주하는 헤겔의 영향으로부터 완전하게 벗어나지 못하는 한계를 보여 준다는 것이다. 마르크스는 브루노 바우어를 필두로 하는 청년 헤겔학파들의 철학적 견해를 "언어상으로는 헤겔의 견해와 구별되는 점을 보여 주고 있지 못하며, 오히려 헤겔의 견해를 문자 그대로 반복하고 있다"라고 일축한다.

청년 헤겔학파가 헤겔에 대해 갖는 이와 같은 동류적 관계를 비판적으로 의식하고, 헤겔의 관념철학에 대한 참다운 비판을 수행한 철학을 마르크스는 포이어바흐에게서 찾고 있다. 헤겔이 역사 전체를 추상적 보편자, 실체, 신 등으로 일컬어지는 정신의 자기행정으로 간주하고, 국가, 제도, 종교, 예술 등을 정신의 자기소외된 형식으로 파악함으로써, 인간의 구체적이고 현실적인 생활을 한낱 정신의 자기발전을 위한 필연적 계기로 격하시킨 데 반해, 포이어바흐는 헤겔과 달리 직접적이면서 구체적이고 감각적인 현실로부터 그 출발점을 찾는다는 이유에서다. 이런 맥락에서 마르크스는 포이어바흐를 "헤겔의 변증법에 대해 **진지하고 비판적인** 태도를 취하고 이 영역에서 참다운 발견들을 행한 유일한 인물, 요컨대 낡은 철학의 진정한 극복자"라고 극찬한다. 신, 추상적 보편자로서의 정신으로부터 출발하여, 정신의 자기소외로서 자연을 정립하고, 이 자연을 자기 자신으로 앎으로써 자기에게로 복귀하는 헤겔 철학의 체계, 다시 말해 헤겔 철학의 사변성을 전도시켜, 현실적인 유일한 출발점을 감각적이고 구체적으로 현존하는 자연, 인간에 둠으로써, 헤겔 철학에서 저하된 인간, 감각, 자연 등을 복권시켰다는 것이 그 주된 이유다.

포이어바흐의 이와 같은 철학적 견해를 발판 삼아, 마르크스는 헤겔 철학이 구체적으로 어떤 점에서 전도된 철학인지, 또 어떤 점에서 현실적이고 인간적 삶을 도외시한 추상적이고 사변적인 관념철학인지 논증한다. 이를 위해 마르크스는 헤겔 철학의 핵심이라 일컬어지는 『정신현상학』과 『논리학』을 비판의 중심 대상으로 설정한다. 마르크스에 의하면 "우리는 헤겔 철학의 진정한 탄생지이자 비밀인 헤겔의 『정신현상학』에서 출발해야 한다."는 것이다.

헤겔의 『정신현상학』은 우리 인간의 가장 저차원적인 정신의 상태인 감각적 확신으로부터 절대지에 이르기까지 정신의 자기운동의 과정을 서술한 텍스트다. 헤겔 철학의 가장 중요한 핵심 개념은 '자유'인데, 헤겔은 이 자유가 정신의 자기운동의 과정을 통해서 구체화된다고 주장한다. 다시 말해, 정신은 자신에 맞서 있는 대상 세계와의 소원한 관계를 극복하고, 이 대상 세계를 자기 자신의 산물로 인식하는 과정을 통해, 대상 세계에 대한 앎을 자기 자신에 대한 앎으로 확충하며, 이를 통해 자유를 구체적으로 실현해 간다는 것이다. 이 때문에 헤겔은 인간의 정신을 감각적 확신, 지각, 오성, 자기의식, 이성, 정신, 절대지와 같은 단계로 세분화하고, 각각의 단계마다 정신에 맞서 있는 대상과 정신 자신의 통일을 확보하는 과정이 있어 이를 통해 정신의 자유로운 행정을 구체화할 수 있다고 본다. 헤겔의 이와 같은 관점에서 처음에 정신과 소원하게 맞서 있던 대상의 세계는 결국 정신에 의해 정립된 정신의 산물로 밝혀지며, 이 정신의 산물로서 밝혀진 대상 세계는 정신 자신의 자기 앎의 내용이 되는 것이다. 이렇게 본다면, 헤겔의 체계 내에서는 사유, 이성, 정신이 가장 본질적인 것이며, 세계는 이와 같은 정신을 통해서만 파악되고 개념화된다.

마르크스는 이와 같은 내용을 골자로 삼는 헤겔의 철학에서 인간, 자연, 그리고 구체적이고 감각적인 대상적 현실 전체는 사유 또는 정신의 산물로 증발해 버리며, 설령 그것이 파악되고 이해된다고 하더라도 정신에 의해 정립된 것 또는 정신의 자기소외된 형식으로서만 간주될 뿐이라고 비판한다. 예컨대 내 밖에 존재하는 장미는 붉은 색을 띠고 감미로운 향을 가진 감각적 구체이기 이전에, 장미를 바라보는 정신과 맞서 있는 정신의 소외된 형태로 축소되면서, 그것이 가지고 있는 모든 구체적인 질을 상실해 버리고 만다는 것이다. 헤겔의 철학 내에서 정신은 끊임없이 바깥 대상과 관계하기는 하나, 이 바깥 대상은 마르크스가 생각하는 것과 달리 구체적이고 감각적인 질을 가진 현실적인 것이 아니라, 정신에 의해 파악된 정신의 산물, 다시 말해 감각적인 의식의 대상으로, 지각으로, 오성으로 파악된 정신적인 산물에 불과한 것으로 전락하고 만다. 이 때문에 마르크스는 헤겔의 철학에서는 "오직 정신만이 인간의 진정한 본질이며, 정신의 진정한 형식은 사유하는 정신, 논리적이고 사변적인 정신"일 뿐이라고 비판한다. 감각적으로 욕구하며 구체적으로 생활하는 인간의 생산물과 역사는 헤겔의 관점에서 모두 정신의 산물들이자 정신의 자기확증을 위한 한낱 계기에 불과한 것으로 저하되며, 그것들의 산출자가 정신이라는 점에서 항상 부차적인 위치를 점할 뿐이기 때문이다.

이런 맥락에서, 헤겔의 『정신현상학』이 주체와 객체, 사유와 존재, 인간과 자연 사이의 대립을 고찰하고, 양자 간의 소원하고 낯선 적대적 상태를 '소외'로서 개념화한다고 하더라도, 마르크스는 이것이 인간의 구체적인 현실생활 속에서 발생하는 참다운 의미에서의 소외가 아니라고 주장한다. 헤겔이 설정하는 소외는, 정신이 자신에 맞서 있는 대상 세계, 자연, 구체적이고 감각적인 현실을 정신 자신의 산물로서 아직 파악하지 못한 상태를 지칭하는 것일 뿐이다. 이 소외는 정신이 대상 세계에 대한 개념적 앎을 획득하자마자 극복되기에 이것은 마르크스가 보기에 소외도 아니요, 소외의 극복도 아니다. 헤겔 철학에서의 소외는 구체적인 현실과 무관한, 또는 마르크스의 표현을 빌리자면, 구체적이고 감각적 현실로부터 도외시된 사유가 자기 자신과 벌이는 사유 자신의 유희에 불과할 뿐이기 때문이다.

물론 마르크스는 헤겔의 『정신현상학』, 즉 그의 철학이 "인간의 자기산출을 하나의 과정으로 본다"라는 점, 그리고 대상 세계로부터 정신의 자기복귀를 '노동'으로 파악함으로써, 비록 정신의 노동이라는 전도된 형식이기는 하나, 노동이 갖는 진정한 의미를 파악했다는 점에서 높이 평가할 만하다고 말한다. 인간이 역사를 가지고 있다는 점, 그리고 인간이 이 역사적 과정을 통해서 자기 자신을 인간으로서 도야해 왔다는 점 등은 마르크스에게서나 헤겔에게서나 공히 인간의 자기 산출적 활동, 즉 오직 노동을 통해서만 가능할 뿐이기 때문이다. 비판의 핵심은, 헤겔 철학에 등장하는 노동이 팔, 다리, 근육, 신경조직, 생리학적이고 물리학적인 힘, 인간의 지력 전체를 사용하는 물질적인 활동, 그리고 이를 통해 구체적이고 현실적인 자연을 생산하고 산출하는 생산적 활동이 아니라, 오직 정신의 행정으로 자유를 위해 자기 자신을 소외시키고, 이 소외된 정신의 타자로부터 다시 자기에게로 복귀하는 정신의 자기운동이라는 관념적인 형태를 취한다는 점에 있다.

우리가 이미 앞서 살펴보았던 『자본』의 서술에 의하면 노동은 인간과 자연 사이에 이루어지는 하나의 과정, 즉 인간이 자기의 행위를 통해 인간과 자연 사이의 소재교환을 매개하고 규제하며 통제하는 하나의 과정이다. 이때 인간은 헤겔이 파악한 것처럼 의식, 자기의식, 즉 사유의 활동성이 아니라, 우선 하나의 자연력으로 자연과 대립한다. 마르크스는 인간이 자연 소재와의 관계 속에서 자신의 타고난 신체의 힘인 팔, 다리, 머리, 손 등을 움직이며, 이런 움직임을 통해서 자기 외부의 자연에 작용을 가하고 그것을 변화시키며, 또 이를 통해 자기 자신의 본성까지도 변화시킨다고 서술한다.(『자본』 I-1, 266쪽) 요컨대, 노동의 주체는 물질적이면서 구체적으로 활동하는 인간이며, 이 활동의 주체 또한 인간이 되어야 한다는 것이다. 인간은 인간 자신이 수행한 노동의 결과물이다. 달리 말해 인간은 자유를 지향하는 정신의 자기행정에 복속된 부속물이나 계기가 아니라는 것이다. 포이어바흐가 비판한 것처럼, 헤겔의 체계에서는 주어와 술어가 전도되어 나타난다는 것, 이것이 마르크스가 헤겔에 대해 가한 비판의 요점이다.

헤겔이 인간의 본질을 자기의식이라 규정하고, 인간이 수행하는 활동을 자기의식의 외화와 이로부터의 복귀로 이해하고 있는 데 반해, 마르크스는 인간을 자연적 존재, 특히 인간적인 자연적 존재라고 규정한다. 마르크스에 의하면 우선 인간은 "직접적으로 **자연 존재**"이다. 인간은 다른 동물들과 마찬가지로 그의 밖에 존재하는 자연 대상들을 통해 제약되고 한계 지어진 존재이며, 또한 자연 대상들에 의해 끊임없이 시달리는 존재라는 것이다. 자연적 존재로서의 인간 또한 다른 동물들과 마찬가지로 먹고 마시고 자는 등등의 기본적인 욕구를 가지고 있는 존재이며, 인간은 자신이 가진 이러한 욕구를 충족시키지 않으면 살아갈 수가 없는 존재다. 이 때문에 자연 존재로서의 인간은 자기 외부의 자연 대상들에 지속적으로 의존해야 하며, 이 의존관계 속에서 자연 대상들을 자기 것으로 삼아야 하고, 이를 위한 활동을 지속해야만 한다. 현실적인 인간, 구체적으로 자신의 생활을 해 나가는 인간은 자기의 외부에 자신의 활동을 제한하고, 자기의 욕구를 충족시키기 위한 대상을 가지고 있는 인간이며, 이 자연 대상과 지속적으로 교섭하는 인간이다. 이러한 맥락에서 마르크스는 인간을 "대상적, 자연적, 감각적" 존재라고 정의한다. "대상적, 자연적, 감각적으로 **있다**는 것, 또한 대상, 자연, 감각을 자기 바깥에 가진다는 것, 또는 자신이 제3자에 대해 대상, 자연, 감각이라는 것은 동일한 의미이다." 다시 말해 인간은 다른 자연 존재에 대해 대상이 되는 대상적 존재일 뿐만 아니라, 그의 전 감각기관을 통해 자연 존재와 교섭하는 감각적 존재이며, 다른 자연 존재들과 마찬가지로 자신의 욕구를 충족시켜야만 하는 자연 존재다. 마르크스의 이와 같은 서술은 인간의 본질을 자기의식에 둠으로써, 인간의 외부에 존재하는 모든 대상적, 자연적, 감각적 존재들의 실재성을 자기의식이 정립한 산물로 간주하는 헤겔의 관념적 이해를 정면으로 비판하는 것이다. 마르크스는 헤겔의 이 관념적이고 추상적인 인간 이해를 염두에 두고, 자기 외부에 자기 자신을 제약하는 대상을 갖지 않은 존재, 즉 "비대상적 존재는 **비존재** *Unsinn*"일 뿐이라고 일축한다.

그러나 마르크스는 인간이 자연 존재이기만 한 것이 아니라, 여타의 자연 존재들과 구별되는 특별히 '인간적인' 자연 존재라는 점을 강조한다. 물론 자연 존재로서의 인간은 마르크스가 서술하고 있듯, 그의 외적 대상들에 의해 자신의 존재를 제약당하고, 그의 욕구 충족을 위해 그의 밖에 존재하는 자연 대상들에 의존하며, 이 자연 대상들로부터 지속적으로 '시달리는 leidend' 존재이기는 하다. 그러나 인간은 다른 동물과 달리, 자연 존재로서의 이 같은 삶을 무한히 반복하기만 하는 존재는 아니다. 마르크스는 "인간이 단순히 자연 존재일 뿐만 아니라 **인간적** 자연 존재"이며, 이를 "그 자체로 존재하는 존재", "**유적 존재**"라는 말과 동일하다고 서술한다. 요컨대 인간은 자신의 자연적 욕구를 충족하기 위해 자연 대상들과 교섭하는 과정에서, 자연 대상들을 있는 그대로 받아들이며 그에 종속되는 존재가 아니라, 이를 그의 욕구에 적합하게 변형하고 가공할 줄도 아는 지적인 존재라는 것이다.

  인간적 자연 존재라는 마르크스의 인간 규정은 그의 후기 저작 『자본』의 한 대목과 비교해 이해해 보는 것도 유용할 것이다. 『자본』에서 마르크스는 인간이 수행하는 노동이 인간의 외부에 있는 자연에 작용을 가하고 이것을 변화시키는 활동이자, 이와 동시에 자신의 본성까지도 변화시키는 과정이라는 점을 강조한다. 다른 동물들과 마찬가지로 인간 또한 욕구 충족을 위해 자연 대상을 필요로 하고, 또 이를 자기 것으로 만들기는 하지만, 오직 인간만이 그가 처음에 수행했던 활동들을 시간이 경과하면서 좀 더 발전적으로 변형시킬 수 있다는 것이다. 앞서 살펴보았듯 『자본』에서 마르크스는 인간이 수행하는 이 독특한 활동을 다음과 같이 서술한다.

"거미는 직물업자가 하는 것과 비슷한 작업을 수행하고, 또 꿀벌은 자신의 집을 지음으로써 수많은 인간 건축가를 무색하게 만든다. 그렇지만 아무리 서툰 건축가라도 가장 우수한 꿀벌보다 처음부터 앞서 있는 점은 건축가는 밀랍으로 집을 짓기 전에 미리 그것을 자신의 머릿속에서 짓는다는 데 있다 … 그는 단지 자연물의 형태를 변화시키는 데 그치는 것이 아니라, 동시에 그 자연물을 통해 자신의 목적(즉 그가 잘 알고 있는 것이면서 동시에 자신의 행동방식을 결정하는 기준이기도 하며 또한 자신의 의지를 예속시켜야만 하는 그런 자신의 목적)도 실현한다."(『자본』 I-1, 266쪽).

자연물과의 관계 속에서 인간은 다른 동물들이 갖지 못하는 목적, 의지 등을 가지고 자연물을 변형하고 가공한다. 더욱이 이 과정은 인간이 자연에 가하는 일방적인 변형의 과정이 아니다. 이 변형의 과정 속에서 인간의 감각기관 또한 변화되고, 그의 이해력 또한 발달되기 때문이다. 이 변형과 발달의 과정이란, "직접적으로 제공되는 자연 대상들"을 "인간적 대상들"로 변형하는 과정이면서 동시에 아직 세련되고 발달되지 않은 인간의 원초적인 감각들 및 욕구들을 보다 인간적인 감성으로, 보다 인간적인 욕구들로 변화시키는 과정이다. 이 때문에 마르크스는 우리 앞에 현존해 있는 자연은 인간과 자연의 관계를 통해 꾸준히 변화되어 오고, 생성되어 온, 그 자체의 역사를 가지고 있는 자연이라는 점을 강조하며, 동시에 인간 또한 자연의 일부이기에 인간의 역사는 곧 자연의 역사와 동일한 것으로 간주될 수 있다고 주장한다. 특히 인간의 역사를 자연의 역사와 동일한 것으로 간주하는 마르크스의 이와 같은 견해, 즉 "역사는 인간의 참다운 자연사"라는 이해는 인간의 역사를 자기의식의 발달사로, 자유의식의 발달사로 이해하는 헤겔의 관념적 역사관 및 이러한 헤겔의 견해로부터 한치도 벗어나지 못한 청년 헤겔학파(특히 브루노 바우어)의 역사관과도 극명한 대조를 이루는 것이다.

4) 사적 소유와 욕구

자본주의적 사적 소유는 인간의 욕구와 어떤 관련을 가질까? 마르크스는 이 짧은 단편에서, 사적 소유와 인간의 욕구를 대단히 부정적으로 관련짓는다. 인간이 욕구를 갖는 것, 또는 인간이 무엇인가를 욕망한다는 사실은, 인간이 자연적 존재로서 몸을 가지고 있는 한, 불가피한 자연 현상 가운데 하나다. 따라서 인간이 무엇인가를 욕구하고 욕망한다는 것은 그 자체로 비난받아야 할 사실이 아니다. 문제는 욕구 충족의 대상이 되는 '이 무엇'을, '어떻게' 욕망하고, '어떤 방법으로' 충족시키는가 하는 점이다. 이와 관련하여 마르크스가 『경제학-철학 초고』에서 제시하는 답변은 간단하다. 사적 소유는 인간의 욕구를 인간적 욕구가 아니라, 조야하고 병든 욕구, 건강하지 못한 욕구로 변질시킨다는 것이 그 답이다. 인간 욕구가 조야하고 동물적인 욕구로 변질되는 이 현상을 마르크스는 '소외'라는 개념으로 서술해 낸다.

인간의 욕구는 단편적이거나 획일적이지 않다. 물론 인간은 가장 기본적 욕구인 동물적 욕구를 갖는다. 그러나 우리가 아는 한 어떤 인간도 먹고 자는 등의 생리적인 욕구 충족의 차원에 만족하지 않는다. 기본적인 욕구가 충족되면, 더 고차적이고 정신적인 욕구 충족의 매개들을 필요로 하게 된다. 예술적 향유나 문학이나 철학, 과학적 탐구 활동에 몰두하는 인간의 활동들, 또는 사회 속에서 타인과의 교제를 통해 정서적, 지적 만족을 갈망하는 인간의 모든 활동들은 인간 욕구가 갖는 이 다면성과 풍부함으로부터 비롯된 것이다. 마르크스는 이를 두고서 "**인간적 본질력의** 새로운 **활동**이자, **인간적** 본질의 새로운 확대"라고 말한다. 인간이 기본적인 욕구 충족에의 몰입 단계를 벗어나 더 지적이고 고급스러운 활동들 속에서 만족을 느끼기 위해서는, 인간이 속해 있는 사회 또는 인간이 만든 사회가 그러한 다양한 욕구들을 독려하고, 이를 충족하기 위한 각종 매개들을 풍부하게 제공할 수 있어야 한다. 지금까지의 역사 속에서 인간이 만든 모든 정신적 산물들은, 한 사람의 위대한 천재나 뛰어난 개인의 산물이 아니라, 인간이 다른 인간과의 협력관계 속에서 형성한 공동의 작품들이기 때문이다.

마르크스는 인간 욕구에 대한, 인간의 욕구가 만들어 낸 공동의 산물들에 대한 이와 같은 관점을 전제로, 자본주의적 사적 소유가 인간의 욕구를 어떻게 왜곡하고 불구화하는지 고발한다. 그에 의하면, 사적 소유 아래에서 인간들 각자는 오직 한 가지 욕구에만 몰두한다. 다른 사람과의 관계 속에서 각자는 타인을 오직 자기 욕구 충족의 수단으로만 간주하고, 타인을 통해 더 많은 이득을 추구하려고 한다. 나와 타인의 관계가 나의 이기적 욕구 충족을 위한 수단적 관계로 변질되면서, 타인은 오직 나의 돈벌이를 위한 수단 이상도 이하도 아닌 것으로 전락한다. 그 때문에 나와 타인의 공동적 관계 속에서 나와 타인이 가진 공동의 욕구 충족이 아닌, 타인을 통한 나의 욕구 충족만이 가장 중요한 관심사로 부상한다. 사적 소유하에서의 "인간 각자는 타인에게서 **새로운** 욕구를 만들어 내는 일을 계산하고 행동"하는 데 몰두할 뿐이다. 그리고 이는 타인의 삶을 배려함으로써, 동시에 나와 타자의 공생적 삶에 관심을 가지는 것으로부터 비롯되는 것이 아니라, 오직 '타인을 나의 욕구 충족을 위한 새로운 제물이 되도록 강제하기 위해서'다. 나의 욕구 충족을 위해 타인을 오직 수단으로 대하는 이와 같은 삶을 최고 삶의 원칙으로 간주하는 것은 더 많은 화폐의 취득, 즉 물질적 부의 축적을 위함이다. 오직 화폐를 향한 무한한 욕구가 우선시되는 삶, 인간이 가진 다른 모든 욕구가 이 화폐의 축적을 위한 욕구에 종속되고 지배되는 삶. 마르크스는 이러한 삶이야 말로 인간으로서 가장 빈곤한 삶이며, 인간의 욕구 중에서 가장 조야한 욕구라고 비판하고 있다. 더욱이 화폐를 향한 갈망은 그 한계를 모른다는 점에서, "**무한도성과 과도함**"을 특징으로 한다. 사회 구성원 대다수가 인간의 힘을 화폐 벌이에 투하하는 삶, 사랑, 우정, 인간과의 교류, 공동체, 예술, 학문, 여행 등 모든 것이 이 화폐를 위한 삶의 뒷전으로 밀려나 부차화되는 삶은 필연적으로 소외된 삶, 인간의 본질적이고 다면적인 욕구의 발현이나 그 충족과는 거리가 먼 삶일 수밖에 없다.

그래서 마르크스는 사적 소유하에서는 이 소외된 삶이 두 가지 측면에서 지배적으로 나타난다고 진단한다. 첫째, 인간의 주체적 측면에서 사적 소유는 인간의 욕구를 조야한 동물적 욕구로 변질시키고 축소시킨다. 사적 소유 아래에서 모든 인간은 자신이 오늘, 내일, 한 달 후, 또는 일 년 후 얼마의 돈을 벌수 있을 것인지 계산하는 데 분주하다. "생산물과 욕구의 확대는 비인간적이고 정제되고 부자연스럽고 **망상적인** 욕망들을 **고안해 내고**, 언제나 그런 욕망들을 **계산하는** 노예로 된다." 마르크스는 둘째, 이 소외가, 인간으로서 응당 누려야 할 가장 기본적인 욕구조차 동물적으로 야만화하고, 조야하게 만들며 추상적으로 단순화한다고 말한다. 요컨대 사적 소유하에서는 물론 부의 지속적인 생산과 축적이 이루어지며, 또 이 생산된 물적 부를 향유하는 과정에 상응하는 욕구의 세련화와 문명화도 발생하지만, 그 반대 편에서는 가장 기본적인 욕구 충족도 호화스러움으로 간주되는 야만적 상태 또한 동시적으로 생산된다는 것이다. "이 소외는 한편으로는 욕구 및 그 충족 수단의 세련화를 생산하고, 다른 한편으로는 욕구의 동물적 야만화, 욕구의 완전하고 조야하며 추상적인 단순성을 생산한다." 한편에서는 넘쳐나는 부와 부의 축적이, 다른 한편에서는 가장 기본적인 인간적 욕구 충족마저 허용하지 않는 극도의 궁핍과 가난이 지배한다. 마르크스는 특히 이 후자와 관련하여, 사적 소유와 그것이 초래한 소외의 양상으로, "빛, 공기 등등 가장 단순한 **동물적** 청결함이 인간을 위한 욕구로 존재하기를 멈추어 버린다"라고 서술한다.

사적 소유가 초래하는 이와 같은 소외를 극복할 수 있는 길은 무엇일까? 마르크스는 이 문제와 관련하여 분명하게 국민경제학자들이 주장하는 근면함, 절약과 저축이 기만적인 것이라 고발한다. 한쪽에서는 한도를 모르는 화폐에 대한 탐욕스러운 갈망과 그것의 향유와 축적이, 다른 한편에서는 빛을 쬐고 신선한 공기를 들이마시는 가장 기본적인 인간의 욕구마저도 사치스러운 것으로 재생산되는 곳에서, 근검절약과 저축은 오직 '노동자'에게만 강요되는 생활의 미덕이라는 이유에서다.

국민경제학자는 사적 소유의 기원과 유래, 그 역사에 대해 맹목적이기에, 사회 구성원이 현존하는 자본가와 노동자로 양분되는 것을 있는 그대로의 주어진 사실로 승인하고 받아들인다. 국민경제학자들에게 근면성실함과 저축은 오직 노동자에게만 권장되는 것인바, 마르크스는 이것이 국민경제학자들에게 노동자가 애초부터 아무런 감각도 없고, 욕구도 없는 존재로 이해되기 때문이라고 답한다. 그들은 '왜 사회 구성원의 대다수를 차지하는 노동자들이 다른 한쪽의 무절제한 사치와 방탕에도 불구하고 극도의 빈곤을 감당하고 살아야 하는가'를 규명하려고 하지 않는다. 대개 그것은 자연의 법칙처럼 그저 주어진 실증적인 사실로서 간주될 뿐이며, 그 전제 아래에서 노동자들이 그들의 빈곤한 현실을 어떻게 벗어날 것인가가 논의되고 있을 뿐이다. 사적 소유의 역사적 기원과 유래, 그것이 초래한 필연적 귀결과의 관계가 고찰되지 않는 한, 노동자의 궁핍과 가난은 당연한 자연적 사실로서 승인될 뿐이며, 그 때문에 이를 벗어날 수 있는 최소한의 방편만이 제안될 뿐이다.

국민경제학은 이를 위해 노동자에게 절약과 저축을 권한다. 그러나 마르크스는 이러한 제안이 노동자로 하여금 삶을 체념하게 하고, 생활을 단념하게 하며, 인간이 가진 다방면의 욕구 충족을 포기하라는 권유와도 같다고 주장한다. "국민경제학, 이 **부**의 과학은 따라서 동시에 단념, 궁핍, **절약**의 과학이다." 또는 "자기체념, 생활의 체념, 모든 인간적 욕구의 체념이 국민경제학이 주로 가르치는 명제이다"와 같은 서술을 통해, 마르크스는 사적 소유와 노동자의 빈곤, 인간 욕구의 빈곤화 문제를 발본적으로 고찰하지 못하는 국민경제학의 무능을 고발한다. 사적 소유하에서, 그리고 그것이 초래한 소외된 상황 속에서 저축하고 절약한다는 것은 궁극적으로 다음과 같은 의미를 가질 뿐이다.

네가 먹고, 마시고, 책 사고, 극장이나 무도회, 선술집에 가고, 생각하고, 사랑하고, 이치를 따지고, 노래 부르고, 그림 그리고, 싸

움질하는 따위의 일들을 더 적게 하면 할수록, 너는 더욱더 많이 저축하게 될 것이고, 좀벌레도 도둑도 먹어 치울 수 없는 너의 보화, 너의 자본은 더욱 커질 것이다. 네가 더 적게 존재하면 할수록, 네가 너의 삶을 더 적게 표현할수록, 너는 더욱더 많이 가지게 될 것이고, 너의 외화된 삶은 더욱더 커질 것이며, 너의 소외된 존재를 더 많이 축적하게 될 것이다.

사적 소유는 인간의 욕구를 획일화시키고 단일화하여, 마침내는 모든 인간적인 삶, 교제, 공동체에 대한 관심, 타인에 대한 애정과 신뢰, 예술적 활동과 그 향유 등등을 불모지로 만들어 버린다. 마르크스가 앞서 서술했던 것처럼, 가장 인간적이어야 할 욕구가 가장 조야하고 동물적인 욕구로, 역으로 가장 동물적이고 조야한 욕구가 추구되어야 마땅한 인간적인 욕구로 전도되는 현상, 이것이 바로 사적 소유가 인간 욕구에 가하는 폭력적 양상이다.

5) 분업

스미스는 『국부론』을 '분업'에 대한 논의로부터 시작한다. 스미스는 분업이 "노동 생산력을 최대로 개선, 증진시키며, 노동을 할 때 발휘되는 대부분의 기능, 숙련, 판단이 분업의 결과인 것 같다"[『국부론』(상, 하), 7쪽]라고 서술한다. 스미스는 분업에 대한 이와 같은 견해를 소규모로 운영되는 핀 공장의 사례에서 입증한다. 예컨대 분업이 활성화되지 않았다면, 하루에 단 한 개의 핀도 만들어 내지 못했을 것이지만, 핀이 만들어지는 작업 과정을 세분화함으로써 하루에 20여 개의 핀을 만들어내는 성과를 올릴 수 있었다는 것이다. 분업은 모든 업종에서 노동 생산성을 증대시킬 뿐만 아니라, 노동자의 숙련도를 높여 주고, 시간을 절약하는 등 노동의 수월성 또한 높여 준다는 판단이다.

그렇다면 스미스는 노동 분업의 원인을 어디에서 찾았을까? 『국부론』 제2장 '분업을 야기하는 원리'에서 스미스는 노동 분업의 원인이 인간성에 내재하는 교환 성향으로부터 비롯된다고 진단한다. 지구상에 존재하는 무수히 많은 종들 중에서 오직 인간만이 무수히 많은 사람의 협력과 도움을 필요로 하며, 이를 충족하기 위한 교환의 성향을 갖는다는 것이다. 스미스가 '교환의 성향propensity to exchange'이라고 부르는 이 성향은, 인간들이 각자 필요로 하는 것들을 서로 교환함으로써, 자기가 얻고자 하는 것을 손에 넣으려는 일종의 이기심(자애심自愛心)의 산물이며, 자기를 위하고자 하는 이 자애심이 발현한 결과 분업이 활성화되고 이를 통해 각자가 가진 재능의 차이도 다양해지고 활성화된다. 어쨌든 스미스는 노동 분업이 사회 전체적인 측면에서 노동 생산성을 향상시키는 데 기여하고, 또 인간들 개개인의 관점에서는 각자의 욕구 충족을 원활하게 할 뿐만 아니라, 재능의 발달과 다양성에도 기여한다고 평가한다.

'분업'에 관한 단편에서 마르크스는 스미스를 비롯하여, 세, 스카르벡, 밀 등이 분업에 대해 논의한 내용을 간략히 발췌하고, 이에 대한 평가를 내리고 있다. 특히 위에서 언급한 분업에 대한 스미스의 견해가 다른 국민경제학자들의 견해보다 비교적 상세히 발췌되어 있는데, 이는 분업에 대한 국민경제학자들의 견해가 스미스의 견해에 전반적으로 압축되어 있다고 생각했기 때문인 것 같다.

본격적인 발췌를 시작하기에 앞서, 마르크스는 분업에 대한 자신의 견해를 지금까지 논의되어 왔던 사적 소유와의 관련 속에서 짤막하게 제시한다. 마르크스는 분업이 인간적 활동으로서 노동의 소외된 표현이라고 규정한다. 사적 소유하에서 인간의 소외를 사회 전체적으로 표명하고 드러내는 것이 바로 분업이라는 것이다. "분업은 또한 **실재적인 유적 활동**으로서, 또는 **유적 존재로서의 인간의 활동**으로서 인간적 활동의 **소외되고 외화된** 정립 이외의 다른 것이 아니다." 사적 소유하에서 노동자가 필연적으로 소외될 수밖에 없다면, 다시 말해 사적 소유와 소외된 노동이 필연적 상관관계를 맺는다면, 사적 소유하에서 지배적인 분업 또한 소외된 노동의 표현인 것이 당연하며, 특히 분업이 사회 전체적으로, 그리고 집단적으로 수행되는 노동 활동인 한, 분업은 사회적으로 수행되는 노동 소외의 집단적인 표현인 것이 당연한 귀결이다.

그렇다면, 스미스를 비롯한 일련의 국민경제학자들은 왜 분업을 긍정적인 것으로 평가하는 것일까? 이에 대한 마르크스의 답변은 간명하다. 국민경제학자들이 사적 소유를 당연한 것으로 간주하기 때문이다. 그들이 보기에 사적 소유가 지배하는 사회는 당연히 그 운영 원리를 각 개인들의 경쟁에 두어야 하며, 이러한 맥락에서 국민경제학자들은 사회 구성원 각자를 '욕구들의 총체' 즉 '각 개인이 타인에게, 또 타인이 각 개인에게,

오직 그들 양자가 서로 수단으로 되는 한에서만' 인정할 뿐이다. 원자적인 개인으로부터 출발하여, 그 개인들을 욕구의 총체로 간주하고, 이 욕구 충족을 위해 타인과 경쟁하면서 타인을 자기 욕구 충족의 수단으로 삼는 사회를 마르크스는 헤겔을 따라 시민사회라고 명명한다. 간략히 말해 국민경제학자들은 사회 또는 시민사회를 탈역사적인 맥락에서 정당화하고, 이 시민사회의 구성원으로서 개인을 이기적 욕구의 총체로 규정한다. 이와 같은 관점에 선다면, 당연히 모든 개인은 자신들의 욕구 충족을 위해 타인을 경쟁의 대상으로 삼아야 하며, 사회는 각각의 개인들이 벌이는 이 경쟁을 통해 생산성을 향상시키는 데 골몰하게 된다. 그렇다면 이러한 관점에서 분업은 어떻게 이해되는가? 마르크스는 국민경제학자들이 사회와 개인을 오직 사회적 생산성의 향상이라는 관점에 붙잡아 둠으로써, 분업 또한 노동 생산성의 향상이나 사회적 부의 증대라는 관점에서만 고찰하게 되었다고 비판한다. 사적 소유의 본질적 현상으로서의 노동의 소외는, 사적 소유를 인간의 이기적 성향의 발현으로 치부해 버림으로써 이를 당연한 것으로 간주하는 국민경제학자들에게 정확하게 파악되고 인식될 수 없다. 사적 소유와 노동의 소외, 그리고 그 필연적 귀결로서의 분업의 논리적 상관관계를 파악할 수 없는 국민경제학자들의 사유의 무능을 염두에 두고 마르크스는 "**유적 활동으로서의 인간적 활동의 소외되고 외화된 이러한 형상**에 대하여 국민경제학자들은 매우 불명료하게 인식하고 있으며 자기모순을 일으키고 있다"라고 지적한다.

스미스를 제외한 다른 국민경제학자들의 분업에 대한 견해는 구체적으로 어떠할까? 마르크스는 "그런데 현대 국민경제학 전체는 분업과 생산의 부, 분업 및 자본축적이 서로를 상호적으로 조건 짓고 있다는 사실, **해방된**, 자기방임된 사적 소유, 그것만이 가장 유용하고 가장 포괄적인 분업을 야기할 수 있다는 사실에는 모두 일치하고 있다"라고 적는다. 요컨대, 국민경제학자들에게 분업은 생산의 부와 직결되고, 이 생산의 부는 자본을 축적하는 데 기여하며, 이 모든 작용이 사적 소유하에서 발생할 수 있는 것이기에, 거의 전반적으로 사적 소유를 암묵적으로 승인한다는 점에서 합의를 보고 있다는 것이다. 이러한 광범위한 합의에도 불구하고 각 국민경제학자들에 대한 마르크스의 발췌문에서 드러나듯, 분업을 바라보는 각 국민경제학자들의 관점에는 약간의 차이점 또한 존재한다.

마르크스가 발췌한 세의 견해에 의하면, "분업은 인간이 가진 힘들의 적절한 사용이며, 따라서 사회의 생산물들, 사회의 향유를 증진시키지만, 개인적인 측면에서 보자면, 분업은 모든 인간의 능력을 강탈하고 저하시킨다." 노동이 좀 더 전문화되고 세분화됨에 따라 노동 과정 전반에 대한 인간의 이해와 조절이 어려워지고, 한 사람이 노동 과정 전체에서 담당하는 몫이 더 적어지기 때문일 것이다. 마르크스는 분업에 대한 세의 견해와 관련하여, 세가 분업을 개인적 측면에서 인간 능력의 저하라고 서술한 부분을 세의 진보라고 평가한다. 이에 반해 스카르벡은 사적 소유 하에서 노동 분업의 본질을 적확하게 통찰한 학자로서, 그는 교환이나 분업을 스미스처럼 인간의 교환 본능 또는 이기적 성향에서 찾지 않으며, 또한 세처럼 분업이 사회 발전을 위한 유용한 수단이라고도 이해하지 않는다. 분업과 교환은 인간이 가진 개인적 능력들, 사회로부터 기인하는 능력이나 소질들과 구별되어야 하는 것이며, 분업과 교환의 전제 조건이 사적 소유라는 것을 정확하게 지적하고 있다. 또한 마르크스가 발췌한 밀은 분업을 상업 및 산업 발달의 전반적 조건이라고 이해한다.

이처럼 〈분업〉 장은 스미스와 세, 스카르벡, 밀 등 전체 네 사람의 국민경제학자들의 분업에 대한 논의의 간략한 발췌와, 이에 대한 마르크스의 평가를 담고 있다. 마르크스는 이 발췌를 토대로, 국민경제학자들이 분업과 교환을 사적 소유와 관련지어 고찰하고 있지 못하다는 점, 그리고 이는 국민경제학이 사적 소유를 당연한 것으로 전제하는 한 결코 논의될 수 없는 문제라는 점을 지적하고 있다. 이러한 한계 때문에 스카르벡을 제외한 국민경제학자들은 분업을 인간의 성향이나 부의 축적, 또는 산업 발전의 동력이라는 사회의 피상적인 차원에 국한시켜 논의할 수밖에 없었다는 것이다.

분업과 교환을 사적 소유의 전면화 또는 일반화와 관련지어, 더욱이 소외된 노동의 사회적 형상 또는 표현으로 이해하는 마르크스의 이러한 견해는, 엥겔스와 공동으로 집필한 『독일 이데올로기』에 이르게 되면, 더욱 구체적인 논의로 발전하게 된다. 거기에서 마르크스는 "분업과 사적 소유는 동일한 표현들"이라는 것, 그리고 "노동이 분화되기 시작하자 각인은 자신에게 강요되는 특정하게 배타적인 활동영역을 갖는다"라는 사실을 강조하면서, 어떤 사람이든 그가 생계를 잃고자 하지 않는다면 "한 사람의 사냥꾼, 한 사람의 어부 혹은 한 사람의 비평가"로 살아가야 한다고 주장한다. 분업은 인간의 총체적 능력을 파편화하고 불구화하면서, 생존을 위해 각자에게 주어진 특정 영역 속에 각자를 고립시킨다. 인간의 능력을 파편화하고 불구화하는 분업의 지양과 관련하여 마르크스는 『경제학-철학 초고』에서 구체적인 답변을 제시하지 않는다. 여기서 마르크스는 분업을 둘러싼 국민경제학적 논의의 공과를 규정하면서, 분업이 사적 소유 및 소외된 노동과 맺는 필연적 관계를 해명하는 데 그치고 있을 뿐이다. 『경제학-철학 초고』에서 국민 경제학자들의 분업론에 대한 마르크스의 발췌와 논평은, 1846년 『독일 이데올로기』에서 분업의 역사적 발생 및 전개 과정에 대한 논의로 이어진다. 여기에서 마르크스는 분업을 가족 내 성별분업으로부터 사회적 분업으로의 변화 과정을 생산력의 발달, 인구의 증가, 교역의 발전과 확장 등, 분업을 촉진하는 발전시키는 제반 물질적 요인들과 연관지어 상세하게 분석하고 있다. 간략하면서도 함축적이라서 여러 가지 해석의 가능성이 있기는 하지만, 마르크스는 이 책에서 분업이 지양된 사회를, 사회가 전반적인 생산을 조절하기 때문에, 한 사람이 평생 배타적인 활동 영역에 고립되지 않고, 오늘은 이일을, 내일은 저 일을 하는 것이 가능한 사회로, 또는 아침에는 사냥을, 오후에는 목축을, 저녁에는 저녁을 먹고 비평을 하는 것이 가능한 사회로 묘사하기도 한다. 또한 1867년『자본』의 '제13장 기계와 대공업'은 분업의 문제를 자본주의적 기술발달에 대한 체계적이면서도 역사적인 고찰과 연관 지어 분석하면서, 자본주의적 생산의 목적에 종속된 기술의 도입 및 급격한 발달이 한편으로는 인간의 정신적·신체적 능력을 어떻게 파편화하고 기형화하는지 상세하게 논의한다. 각 저작별로 분업에 대한 논의와 분석의 초점이 다르기는 하지만,『경제학-철학 초고』내 분업에 대한 단편은 마르크스가 국민경제학의 분업론에 대한 발췌와 논평을 토대로, 유적 존재로서 인간 능력의 총체적 실현과 분업이 맺는 부정적 관계를 처음으로 분석하고 있다는 점에서, 분업에 대한 마르크스의 논의를 전체적으로 이해하기 위해 각별한 의미를 지니고 있다.

6) 화폐

자본주의 시장경제가 본격화되기 이전에도 화폐는 있었다. 사람들은 공동체 구성원들을 먹여 살리고 남은 생산물들을 인접 공동체의 생산물들과 교환하거나 시장에 내다 팔기도 했다. 흔히 우리가 알고 있는 것처럼 쌀, 가축, 조개 등등과 같은 품목들은 인류의 오랜 교역의 역사 속에서 교환을 매개하는 화폐의 역할을 담당했던 것이기도 하다.

고대 그리스 철학을 대표하는 아리스토텔레스는 『정치학』에서 화폐를 교환을 매개하는 수단이라고 정의한다. 그에 의하면 생산물과 생산물을 교환하는 것은 삶에 필수적인 것인데, 이 교환의 편익을 위해 도입된 것이 화폐라는 것이다. 화폐는 생산물의 교환을 통해 부족과 결핍을 메우려는 수단 그 이상도 이하도 아니라는 이러한 관점에서, 아리스토텔레스는 화폐 자체의 취득을 목적으로 하는 행위를 대단히 부도덕하면서 자연스럽지 못한 것이라 비난한다.

마르크스는 '화폐'에 대한 분책에서 화폐의 역사적 발전 과정을 추적하거나, 자본주의의 성장과 화폐의 힘의 증대 간의 상관관계를 면밀하게 분석하고 있지는 않다. 이 문제는 1867년에 출판된『자본』의 첫 번째 장인 '상품' 장에서 보다 구체적이면서 면밀하게 논의되고 있다.『경제학–철학 초고』의「화폐」장에서는 후일 마르크스가 '상품 물신Warrenfetischsmus' 또는 '화폐 물신Geldfetischismus'이라고 부르게 될 내용에 대한 단초들이 풍부하게 포함되어 있다. 사적 소유가 지배하는 자본주의 사회에서 화폐는 물건들의 교환을 돕는 수단이 아니라, 그 자체가 곧 목적이 된다. 즉 내가 어떤 물건을 위해 얼마만큼의 화폐를 필요로 하는가가 중요한 문제가 아니라, 내가 얼마의 화폐를 가져야 하는가만이 중요한 문제로 부각된다. 수단이었던 화폐가 목적으로 전도되어서, 마치 모든 사회 구성원들에게 '신'과 같이 군림하는 이 현상을 우리는 '물신주의'라고 부를 수 있다.

화폐가 가진 이 물신적 성격, 즉 본래 인간들 사이의 교환을 용이하게 할 목적으로 도입된 수단으로서의 화폐가 목적 그 자체가 되어 사람들의 삶을 지배하는 이 물신적 성격을 논의하기에 앞서, 〈화폐〉 장에서 마르크스는 다시 한번 인간에 대한 그의 유물론적 견해를 짤막하게 제시한다.

마르크스에 의하면 인간은 감각적, 대상적, 자연적 존재다. 이는 인간이 자신의 감각을 통해 그의 외부에 존재하는 자연세계와 접촉하고, 이를 통해 자신을 대상적 존재로, 그리고 자연적 존재로서 긍정한다는 의미를 가진다. 게다가 감각적 존재로서의 인간과 감각적 대상으로서의 자연세계 간에 이루어지는 이 접촉과 교류를 통해 인간은 동일한 존재로서 정태적으로 머무르는 것이 아니라, 지속적으로 자신의 감각을 쇄신해 가며 감각을 도야해 가는 존재이기도 하다. 마르크스는 〈화폐〉 장의 서두에서, 지금까지 자신이 논의했던 이 감각적 존재로서의 인간 규정에 함의된 의미를 더욱 확장시켜서, 이로부터 다음의 다섯 가지 사실이 자명하게 드러난다고 서술한다. 1) 감각적 존재로서의 자기 자신을 긍정하는 인간은 그의 감각의 다양성만큼이나, 그리고 그가 교류하는 자연세계의 무한성만큼이나 자신을 긍정하는 다양한 방식들을 갖는다. 감각의 다양한 층위에 자연세계의 다양한 층위가 조응하며, 그가 감각하는 것이 곧 그의 생활의 독특성을 형성한다. 내가 어떤 음악을 듣고, 어떤 음식을 먹으며, 어떤 것에서 즐거움을 느끼는가 하는 것은 전적으로 나의 감각이 얼마만큼 다양하고 다변적인가에 의존하며, 내가 감각하는 대상 또한 내 감각의 다양성과 다변성에 조응하여 존재한다는 것이다. 이 때문에 2) 내가 나의 감각을 긍정한다는 것은 동시에 대상을 나의 감각에 적합하게 향유함으로써 대상을 긍정하는 것이기도 하다. 먹고, 마시고, 대상을 가공하는 일체의 행위들을 마르크스는 인간이 감각적 존재로서 자기 자신을 긍정하는 일인 동시에 대상을 긍정하는 일이라고 말한다. 3) 인간의 감각이 인간적일 수 있다는 사실 속에는 인간적 존재로서의 나의 감각이 그럴 뿐만 아니라, 나에 맞서 있는 다른 인간적 존재의 감각 또한 인간적일 수 있다는 것, 즉 내가 대상을 긍정하고 이를 향유함으로써 인간적이고 감각적 존재로서 나를 긍정하듯, 타자 또한 자신의 감각에 조응하여 대상을 긍정하고 향유하는 인간적 존재일 수 있다는 것이다. 4) 인간의 감각이 정태적인 것이 아니라, 자연 대상과의 지속적인 교섭 속에 지속적으로 발전해 가고 세련되어 간다는 사실로부터, 발전된 산업은 인간의 감각이 실천적으로 확장된 그 자체이며 긍정적인 것일 수 있다는 것, 따라서 산업이란 인간이 가진 본질적인 능력이 외적으로 펼쳐진 감각 발달의 역사를 기록한 하나의 텍스트일 수도 있다는 것이다. 마지막으로 5) 인간의 소외를 야기하지 않는 사적 소유 또는 인간의 소외가 지양된 사적 소유는 인간 감각의 발달사를 입증하는 직접적인 증거

일 뿐만 아니라, 인간의 감각적 활동이 만들어 낸 긍정적 산물일 수 있다는 것이다. 요컨대 인간의 감각은 그를 둘러싼 자연 세계를 통해 형성되며, 인간 감각의 발달과 세련화에 조응하여 대상 세계 또한 인간적으로 향유되고 긍정될 수 있다.

마르크스는 감각적 존재로서의 인간과 자연세계 간의 상호 작용이 낳을 수 있는 이 다섯 가지의 사실을 통해 이제 소외된 노동과 결부되어 있는 사적 소유하에서 인간의 감각이 어떤 방식으로 왜곡되고 변질되며, 도태되는가를 적어 나간다. '화폐'는 이 도태, 왜곡, 변질된 감각을 초래하는 가장 핵심적인 요인으로 지목된다.

우선 자본주의 사회에서 화폐는 교환이 일반적인 것만큼이나 보편성을 지닌 막강한 지배력을 갖는다. 마르크스는 화폐가 갖는 이 보편성을 셰익스피어 작품 『아테네의 타이몬』의 구절을 길게 인용하면서, 셰익스피어의 문장을 따라 "인간 공동의 창녀"이며, "눈에 보이는 신"이라는 문학적 표현들을 옮겨 오고 있다. 자본주의 사회에서 화폐를 갖는다는 것은, 곧 내가 가진 화폐의 양만큼이나 내 존재의 영향력을 넓힐 수 있다는 것을 의미하며, 나의 존재를 증명하는 가장 전능한 신을 내 손아

귀에 걸머쥐었음을 뜻한다. 마르크스의 표현에 의하면, 화폐는 그 전능성으로 인해서, 추한 나를 아름답게 만들어 줄 수 있고, 절름발이인 나에게 다리를 줄 수도 있으며, 나의 비열한 인격마저도 고상하고 고매한 품위로 뒤바꿔 줄 수 있다. 화폐를 가진 나는 결코 똑똑치 못한 인간이지만, 내가 화폐를 소유함으로써, 그리고 많은 화폐를 가지면 가질수록 나는 똑똑한 인간들을 내 수하에 두고 부릴 수 있는 영향력도 행사하게 된다. 그래서 마르크스에 의하면 "화폐는 만물의 **현실적 정신**"으로서, "**불가능한 일들**을 친숙한 일로 만들고" 또 이를 가능하게 만드는 신적인 힘을 갖는 것이며, 이를 통해 모든 것들을 거꾸로 전도시키는 막강한 위력을 가진 것이다.

그렇다면 만물을 지배하는 신적 정신이자 모든 것을 전도시키는 화폐는 마르크스가 「화폐」 장의 서두에서 언급한 인간의 감각, 인간적 감각과 어떤 관련을 갖는 것일까? 자연세계와 인간 사이에 전개되는 지속적인 교섭과 이를 통한 인간 감각의 도야와 고양, 그리고 동시에 대상 세계의 현실적 긍정과 향유는 화폐를 통해 단절된다. 마르크스는 인간적 감각과 대상 세계의 인간화 사이의 이 단절을 "**존재**와 **사유**의 차이", "내 안에 **실존하는** 단순한 표상"과 "**현실적 대상**으로서 내 바깥에서 나에 대해 존재하는 표상 사이의 차이"라고 적는다. 무슨 의미일까?

우리는 여행을 통해 자신의 식견과 지식을 넓힐 수 있고, 또 그만큼 감성적, 정서적으로 풍부한 존재가 될 수 있다. 또 나는 어떤 현상이나 사태 등을 연구함으로써 그 현상 또는 사태를 이해할 수 있는 능력을 갖출 수 있고, 또 그만큼 현상이나 사태 등을 접하는 나의 감각을 단련시킬 수 있다. 이 모든 일은 내가 나의 감각들을 어떤 방식으로, 어떻게 펼쳐 낼 것인가에 달려 있으며, 그것을 할 것인가 말 것인가 하는 것 또한 전적으로 나의 몫으로 남겨져 있다. 화폐는 그러나 이 단순한 사실을 모두 허황된 것으로 만들어 버린다. 예컨대 마르크스는 '내가 여행하고자 하는 욕구가 있다 하더라도, 또 연구에 대한 사명을 갖고 있다 하더라도, 그것을 추진할 화폐를 갖지 못하면, 어떤 욕구도, 어떤 소명도 갖고 있지 못한 것'이라고 서술한다. 또 역으로 내가 여행하고자 하는 욕구가 없음에도, 연구에 대한 열정이나 사명이 없다 하더라도, 내가 그것을 행할 수 있는 화폐를 가지고 있다면, 나는 얼마든지 욕구나 열정, 사명을 가진 인간이 될 수도 있다. 이 때문에 화폐는 인간을 인간적, 사회적으로 단련시키고 세련화시키면서 감각적으로 더욱 도야된 인간적 인간을 형성하는 데 기여하는 것이 아니다. 화폐는 인간이 가진 인간적 능력들을 단순히 허무한 공상에 불과한 것으로 만들어 버릴 수 있는 힘을 가질 수 있으며, 또 아무런 내용도 없는 공허한 욕구를 현실로 만들어 내는 힘을 소지한다.

마르크스는 화폐가 "**현실적이고 인간적이며 자연적인 본질력들**을 추상적 표상들로, 따라서 **불완전성들**, 고뇌에 찬 몽상들로 전환시킨다"라고 서술하는가 하면, "화폐는 정직함을 정직하지 않음으로, 사랑을 미움으로, 미움을 사랑으로, 덕을 패덕으로, 패덕을 덕으로, 종을 주인으로, 주인을 종으로, 우둔함을 똑똑함으로, 똑똑함을 우둔함으로 전환"시키는 힘이자, "만물의 보편적 **혼동**이자 **전도**이며, 따라서 전도된 세계요, 모든 인간적 자연적 질들의 혼동이요 전도다"라고 적는다.

인간의 감각 및 제 감각들의 발전을 화폐라는 단 하나의 목적에 종속시키고, 화폐를 통해 모든 것을 평가하는 이 전도된 세계로부터의 출구는 없을까? 인간의 무능력을 능력으로, 졸렬하고 비열한 인격을 고상하고 품위 있는 인격으로, 특별할 것 없는 평범한 인간을 대단한 인간으로 전도시키는 이 세계를 제자리로 돌려놓는 일이 가능할까? 그리하여 인간의 감각이 인간적 감각으로 도야되고, 이를 통해 대상의 세계 또한 인간적 방식으로 긍정되며 현존할 수 있는 그런 세계는 가능할까? 『경제학-철학 초고』의 마르크스는 이 질문에 대해 사적 소유의 지양을 통한 인간소외의 극복이라는 일관된 답을 제시한다. 세계가 인간화되기 위해서는 인간의 감각이 인간화되어야 할 필요가 있으며, 인간적 감각이 인간화되기 위해서는 이 감각의 발전을 왜곡하고 파편화시키는 사적 소유가 철폐, 지양되어야 한다는 것이다. 우리는 마르크스가 이를 앞에서 '인간주의', '자연주의', '공산주의', '사회주의로서의 사회주의'라는 다양한 명칭으로 개념화한 것을 이미 확인한 바 있다.

「화폐」에 관한 절을 마무리하면서 마르크스는, 화폐가 지배하는 이 전도된 세계를 향해 이 세계가 갖는 무력함, 불행함, 인간에게 인간다운 삶을 내어 줄 수 없는 무능력함을 다음과 같이 고발한다.

"인간을 인간으로서 전제하고, 세계에 대한 인간의 관계를 인간적 관계로서 전제한다면, 너는 사랑을 사랑하고만, 신뢰를 신뢰하고만 등등으로 교환할 수 있다. 네가 예술을 향유하기를 바란다면, 너는 예술적인 도야된 인간이어야 한다. 네가 다른 사람들에게 영향력을 행사하고자 한다면, 너는 현실적으로 고무하고 장려하면서 다른 사람들에게 영향을 미치는 인간이어야만 한다. 인간에 대한, 그리고 자연에 대한 너의 모든 관계는 너의 의지의 대상에 상응하는, 너의 현실적, 개인적 삶의 특정한 표현이어야 한다. 네가 사랑하면서도 되돌아오는 사랑을 불러일으키지 못한다면, 다시 말해 사랑으로서의 너의 사랑이 되돌아오는 사랑을 생산하지 못한다면, 네가 사랑하는 인간으로서 너의 삶의 표현 *Lebensäusserung*을 통해 너를 사랑받는 인간으로 만들지 못한다면, 너의 사랑은 무력하며 하나의 불행이다."

화폐를 통해 얻은 나의 사랑은 현실적 사랑이 아니며, 화폐를 통해 포장한 나의 예술적 향유는 진정한 예술적 향유가 아니다. 화폐가 가져다준 타인에 대한 지배력은 오히려 나의 무능에 대한 공적 폭로일 뿐이고, 화폐에 기댄 나의 우정 또한 참다운 우정이 아니다. 누군가를 사랑하는 인간이 되려면, 나는 사랑이 무엇인지를 나의 오감 전체를 통해 체득하고 있어야 하며, 좋은 음악을 들을 수 있으려면, 음아을 들 수 있는 귀를 먼저 가져야 한다. 그리고 이러한 것들은 화폐를 통해 일거에 얻을 수 있는 것이 아니라, 자연세계와, 타인과의 지속적인 상호 교류 속에서 점차적으로 체득되고 갖춰져 가는 것이다. 자연세계와의 교섭 없이, 타인과의 상호 교류 없이 화폐를 통해 한꺼번에 수중에 넣은 능력이나 감정들은 타인으로부터 아무런 반응을 불러일으키지 못하는 무력하고 불구적인 능력이자 감정들일 뿐이다.

제3장
『경제학-철학 초고』의 현재적 의의

　『경제학-철학 초고』가 작성된 지 15년 후인 1859년, 마르크스는 한 텍스트에 붙이는 「서문」에서 "인류는 그가 해결할 수 있는 과업만을 제기한다"라고 썼다. 특정 시대 인류가 해결을 위해 제기하는 모든 문제는 지금까지 인류 자신이 실천을 통해 만들어 낸 물적인 제 조건으로부터만 등장할 수 있으며, 또 그 문제에 대한 해답 또한 인간을 둘러싼 환경 속에 이미 주어져 있다는 의미에서다. 바로 이런 의미에서 마르크스는 한 사회 구성체는 그 내부에서 더 이상 발전할 여지가 없을 정도에 이르기 전까지는 결코 멸망하지 않으며, 모든 생산양식들의 태내에는 작동을 시작하자마자 파멸을 준비하는 혁명의 맹아가 함축되어 있다고 강조하였다. 그리고 역사적 변화와 그 경과란 피상적으로는 기존의 낡은 사회 상태로부터 새로운 사회 상태로의 진입을 뜻하는 것이겠지만, 보다 심층적으로는 사회가 곧 인간으로서 나 자신의 생활의 표명이자 나 자신이 현존하는 모습이라면, 그리하여 한 개인의 삶의 표현이 사회적 생활의 표현이고 한 개인의 생활 방식 안에 그가 속한 사회적 관계의 총체가 응축되어 있다면, 이 변화란 인간 자신의 변화, 지금까지 존재해 왔던 인류가 고루하고 진부한 삶의 방식과 과감히 단절하고, 인간 자신을 혁명적으로 변혁하기 위해 분투하는 것을 뜻한다. 따라서 인류가 한 시대 속에서 해결해야 할 당면 문제를 제기한다는 것은, 단지 그가 속한 사회와 환경의 변화만을 겨냥하는 것이 아니라, 그보다 더욱 발본적인 차원에서 그 자신의 삶을 어떤 방식으로 재조직하여, 어떻게 새롭게 창조할 것인가라는 물음을 포함하고 있다. 결국 이 물음은 '인간이란 사태와 교육의 산물이며, 그에 따라 인간은 사회와 변경된 교육의 산물이라는 종래의 소박하고 진부한 유물론적 학설'에서 걸어 나와 '사태의 변화를 견인하는 것은 인간 자신이라는 것, 그리고 동시에 이 변화를 위한 실천적인 활동이 곧 인간 자신의 변화를 담보한다'는 새로운 유물론적 학설에 서는 자만이 던질 수 있는 것이다. 사태의 변화와 인간의 변화는 시간적 선후관계를 따르지 않는다. 그것들은 상호 동시적이며, 상호 제약적이다. 따라서 문제는 우리가 변화시키고자 하는 사태 자체로 뛰어 들어가, 사태의 한 축을 이루며, 그것이 무엇인지를 이해하고 파악하는 일이다.

『경제학-철학 초고』는 1840년대 초반, 근대 산업자본주의라는 새로운 사태 속에 본격적으로 발을 들여놓기 시작한 마르크스의 사상적 자기변화의 과정을 기록한 산물이다. 이 지적인 자기변화의 도정 위에 마르크스는 자본주의적 사적 소유와 그 운동법칙을 있는 그대로 수용함으로써 이에 대한 수동적 반응으로 일관한 일련의 국민경제학자들을, 자본주의적 사적 소유라는 사태가 인간에게 초래할 기형적인 변화들을 선구적으로 간파하였으나 노동자 교육, 노동의 재조직화, 임금인상 또는 임금평등과 같은 미봉책들로 대응한 공상적인 사회주의자들을, 신이란 인류 전체를 아우르는 유적 본질이 객관적으로 투사된 인간 자신의 산물임을 폭로함으로써 인간을 신으로 승격시켰음에도 불구하고 냉혹한 산업사회가 인간을 어떻게 피폐화하는가에 대해 무관심했던 포이어바흐를, 역사를 인간의 자기산출 행위로, 노동을 인간의 본질적 활동으로 파악했음에도 현존하는 모든 것을 정신 속으로, 개념 속으로 쓸어 넣어 버림으로써 소외된 현실 세계와의 거짓 화해에 안주한 채 무비판적 실증주의와 외양뿐인 비판에 머물러 버린 헤겔을, 그리고 끝으로 이론적 진위의 시금석이 오직 실천일 뿐이라는 사실에 무지한 채, 현실과 분리된 스콜라적 논쟁으로 대중 계몽과 세계 변혁을 호도한 청년 헤겔학파를 세운다. 『경제학-철학 초고』는 마르크스가 이들 모두와 지적 투쟁을 벌이면서, 사물들의 세계에 저당 잡힌 인간의 소외된 삶을 '인간주의'이자 '공산주의'라는 이름 아래 재탈환해 오기 위한 그 자신의 지적인 여정을 몇 권의 분책으로 담아 낸 미완의 기록물이다.

　이 미완의 기록을 통해 마르크스는 생산수단의 소수 독점에 기반한 자본주의가 인간과 자연의 적대를 심화시키고, 사회와 고립된 원자적 개인을 양산하며, 타인을 자기 성공의 방패로 삼는 이기주의를 전파함으로써 조야한 동물적 욕구, 물질적 소유의 욕구를 유일한 인간적 욕구로 둔갑시키는 사회라고 폭로한다. 『경제학-철학 초고』가 비판과 서술의 대상으로 삼은

19세기 산업자본주의 사회는 '먹고, 마시고, 책 사고, 극장이나 무도회, 선술집에 가고, 생각하고, 사랑하고, 이치를 헤아리고, 노래 부르고, 그림 그리고 싸움질하는 따위의' 정말로 인간적인 모든 일들을 '소유'와 '생존'이라는 단 두 가지의 단어로 추상해 버린 일종의 정신적 동물들의 세계였던 셈이다.

그런데 이 19세기로부터 한참이나 멀어진 세계에 살고 있는 우리 자신의 삶은 어떠할까? 그 사이 세상은 어떻게 달라졌을까? 무려 16시간 이상 지속되는 살벌한 장시간의 노동조차 생존을 위해 감내해야 했던 지난 세기의 노동자들의 처지란, 그래서 '빛, 공기 등등 가장 단순한 동물적 청결함조차 인간적 욕구이기를 허락하지 않았던' 지난 세기의 자본주의란, 자기 일에 대한 어떤 결정권도, 자신들의 이익을 위해 노동조합을 결성할 권리도 가질 수 없었던 그 시절의 자본주의를 살았던 사람들의 삶이란, 이제 우리에게 그저 먼 시절 한때의 이야깃거리에 불과한 것이 되어 있다고 말해도 좋을까?

『경제학-철학 초고』가 집필된 지 거의 200년이 다 되어 간다. 『경제학-철학 초고』가 완전한 형태로 세상에 모습을 드러낸 때가 1932년이니까 출판 연도를 기점으로 삼는다 하더라도 근 반

세기를 훌쩍 넘겼다. 그 사이 세계의 0.1%에 해당하는 소수가 전 세계 인구가 생산하는 50% 이상의 부를 독점하는 시대가 도래했다. 우리에게 노동은 여전히 생계와 생존을 위한 수단이다. 노동은 유희도 아니며, 나의 현존을 긍정하는 활동도 아니다. 여전히 저임금 장시간 노동에 시달리는 노동자들이 넘쳐난다. 노동의 양상도 급격하게 변했다. 공장, 사무실 등 고정된 작업장에서 일정 시간, 일정액의 급여를 보장받고 행해지던 노동은 급격한 속도로 비정형화되어, 언제 어디에서나 유연하게 시행될 수 있는 액체 노동으로 탈바꿈하고 있다. 4차 산업혁명, AI, 자동화와 정보화로 상징되는 기술혁명으로 인해 이미 일자리를 잃어버린 사람, 앞으로 일터에서 쫓겨날 사람 또한 부지기수라고 한다. 생존을 위해 감행해야 하는 끊임없는 자기혁신과 자기파괴라는 정언명법이 이 '녹아 내리는 노동'의 현장에서 따라야 하는 법칙이 되었다. 기술공학이 가져온 물질적 혁명 덕분에 이전 세기보다 풍족하고 안락해진 것은 사실이지만, 우리는 여전히 지배와 억압으로부터, 계급 간 착취와 양극화, 사회·경제·구조적 불평등과 단절하지 못했다. 21세기 첨단 자본주의가 19세기 자본주의를 그저 반복할 뿐이라고 주장하는 것이 억지이듯, 21세기 자본주의가 19세기 자본주의의 폐해를 모조리 청산한 진일보한 사회라고 단언하는 것은 일종의 지적 기만이다. 이 때문에 이 오래된 문헌이 갖는 현재적 의의는 우리가 속한 이 시대의 자본주의가 19세기 자본주의와 변별되는 각 지점에서 무엇을, 어떻게 반복하고 있는지, 달리 말해 '무엇이 같고, 무엇이 다른지', '어떤 문제가 해결되었고, 어떤 문제가 반복되고 있는지'를 묻고 답하는 데서 구해져야만 한다. 19세기 산업자본주의와 21세기 첨단 자본주의 사이에 펼쳐진 시차적 간극을 '자본주의'라는 하나의 점으로 응축시킨 후, 이 양자를 동시에 읽어 내는 독법이야말로 이 미완의 분책을 완결시키는 길일 것이다. 자본주의가 현재 진행형인 한, 적당한 이윤만 보장된다면 언제 어디에서든지 목숨을 건 도약마저 마다하지 않는 용기와 투지에 찬 자본의 순환과 운동에 의해 우리가 지배되고 있는 한, 19세기 폭력적이고 야만적이었던 산업자본주의 세계를 열정적으로 탄핵한 『경제학-철학 초고』 또한 여전히 우리에게 현재 진행형일 수밖에 없다.

　『경제학-철학 초고』가 갖는 이 현재적 의의에도 불구하고, 이 저작은 우리의 묵은 문제들을 시원하게 해결해 주는 우리고민의 종착지가 아니다. 오히려 이 저작은 우리가 21세기 자본주의에 던져야 할 질문들을 쇄신해야 할 출발점이어야만 한다. "역사의 각 단계는 그 선조로부터 각 세대가 물려받은 물질적 결과, 생산력의 총합, 자연에 대한 그리고 각 개인들 상호 간의 역사적으로 창조된 관계를 포함하고 있기에, 일군의 생산력, 자본, 환경이 존재하고, 이것들이 한편으로는 새로운 세대에 의해 개조되며, 다른 한편으로는 새로운 세대의 특유한 생활 조건을 이루게 된다"라는 마르크스의 진단처럼, 지난 세기의 자본주의를 대물림한 우리 세대 또한 스스로에 의해 개조된 환경과의 관계 속에서 우리 세대만의 문제, 우리들 자신이 해결해야 할 문제들을 가지고 있다는 이유에서다. 아마도 이런 진단이야말로, 『경제학–철학 초고』에서 마르크스가 서술했던 휴머니즘적 공산주의를 '조성되어야 할 하나의 상태, 혹은 현실이 따라야 할 하나의 이상이 아니라, 오늘날의 상태를 지양하는 현실적인 운동'으로 자리 지정할 수 있는 역사 유물론의 시선일 것이다.

마르크스가 누누이 강조하듯, 자본주의는 역사의 의상을 벗어던진 자연의 세계가 아니기에 영원불멸할 수 없다. 자본주가 작동하는 메커니즘 또한 시공간을 초월하여 보편적으로 관철되는 자연법칙이 아니다. '머리 끝에서 발끝까지의 모든 털구멍에서 피와 오물을 흘리면서 태어난 자본주의'는 무수히 많은 사람의 땀과 노고를 제 것으로 흡수하면서 성장과 발전을 거듭해 온 비대한 역사적 산물이며, 살아 움직이는 경제적 생명체다. 또한 바로 그렇기 때문에, 자본주의 역시 모든 유기체를 지배하는 죽음과 파멸의 법칙에서 비켜서 있을 수 없다. 『경제학-철학 초고』는 언젠가 그 생명을 다할 이 경제적 유기체가 그 맹아적 형태에서 어떤 모습을 띠고 있었는지, 그리하여 무엇을 동력 삼아 오늘날처럼 비대해졌는지를 가늠하기 위한 가장 좋은 출발점이며, 인간과 자연, 인간과 인간 사이의 충돌과 적대뿐만 아니라, 인간이 처한 이 비루한 현실과 인간이 염원하는 참된 자유 세계 사이의 불화와 다툼을 종결지을 수 있는 단서를 우리 손에 쥐어 줄 현재적 저작이다.

[세창명저산책]

세창명저산책은 현대 지성과 사상을 형성한 명저를 우리 지식인들의 손으로 풀어 쓴 해설서입니다.

· 세창명저산책은 계속 이어집니다.